AF542898

Magia moderna

Michelle Tea

Magia moderna

Historias, rituales y hechizos para brujas contemporáneas

EDICIONES OBELISCO

Si este libro le ha interesado y desea que le mantengamos informado de nuestras publicaciones, escríbanos indicándonos qué temas son de su interés (Astrología, Autoayuda, Psicología, Artes Marciales, Naturismo, Espiritualidad, Tradición...) y gustosamente le complaceremos.

Puede consultar nuestro catálogo en www.edicionesobelisco.com

Colección Magia y ocultismo
MAGIA MODERNA
Michelle Tea

1.ª edición: octubre de 2025

Título original: *Modern Magic*

Traducción: *Manuel Manzano*
Corrección: *M.ª Ángeles Olivera*
Diseño de cubierta: *Enrique Iborra*

Edita: Ediciones Obelisco, S. L.
Collita, 23-25. Pol. Ind. Molí de la Bastida
08191 Rubí - Barcelona - España
Tel. 93 309 85 25 - Fax 93 309 85 23
E-mail: info@edicionesobelisco.com

ISBN: 978-84-1172-318-3
DL B 11445-2025

Impreso en España en los talleres gráficos de Romanyà/Valls S. A.
Verdaguer, 1 - 08786 Capellades (Barcelona)

Printed in Spain

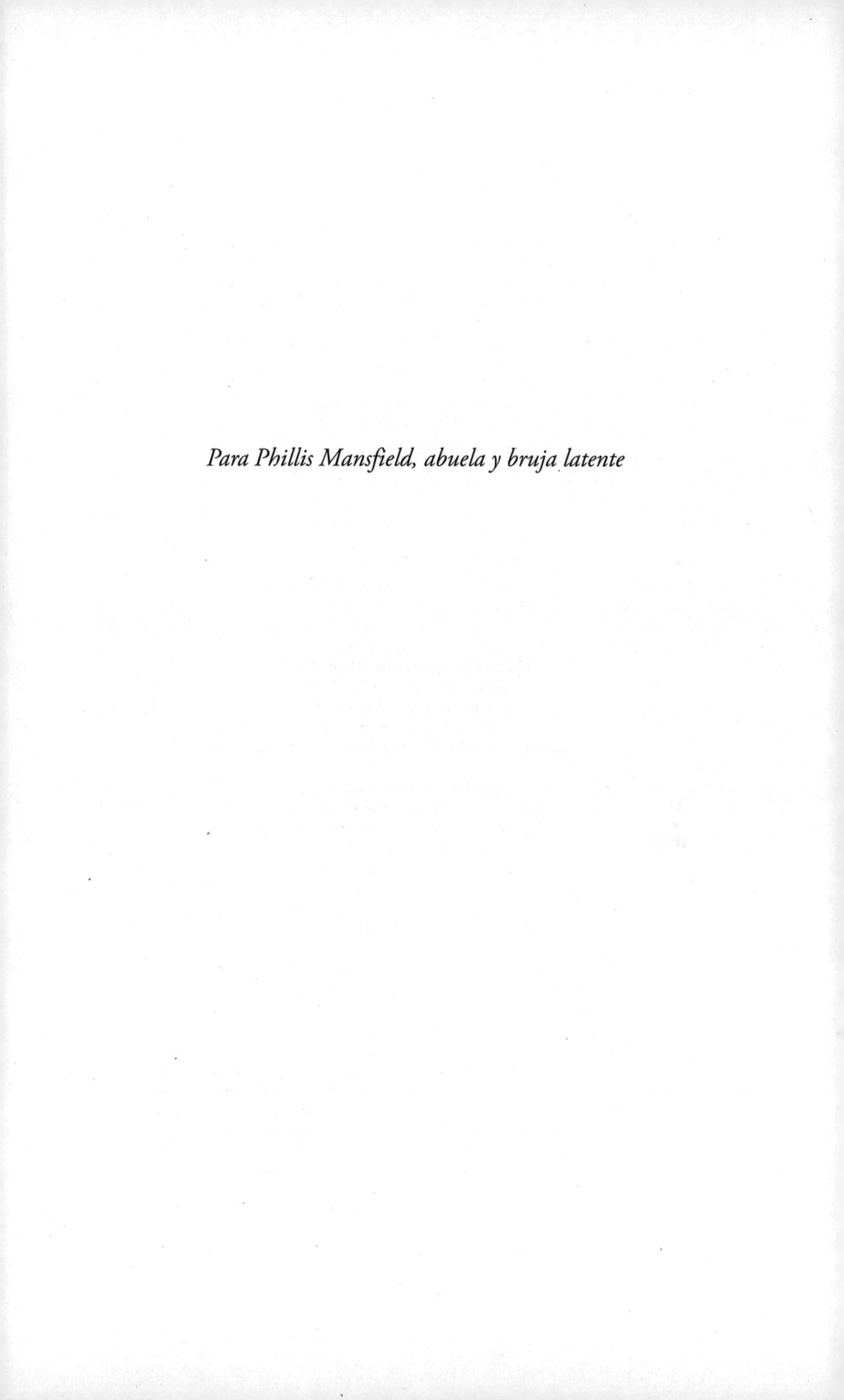

Para Phillis Mansfield, abuela y bruja latente

Introducción

Yo era una bruja adolescente. Era la década de 1980 en Nueva Inglaterra y era gótica…, así que el escenario estaba preparado. La primera vez que entré en una tienda de ocultismo, pensé: *sí*. Los extraños olores a hierbas, los empleados vestidos de negro, los frascos que contenían extraños ramitos de flores secas, las velas. ¡Las velas! Siempre he tenido debilidad por las velas. Sentí que, con mi interés por lo sobrenatural, mi pasatiempo de la infancia de mezclar todos los líquidos de la casa y llamarlos «pociones» (sin mencionar la influencia de todas las mujeres un tanto espeluznantes que había en mi vida, como mamá, Nana y mis tías, a quienes les gustaba colocarse a base de tazas de té Tetley, fumar un cigarrillo tras otro y hablar sobre sus extraños sueños o sobre la reencarnación), bueno, me sentí como si siempre hubiera sido una bruja. Sólo hizo falta un poco de acoso cultural y el descubrimiento de una tienda de ocultismo para sentirme como en casa.

Más tarde, cuando tenía veintipocos años y estaba dejando atrás la subcultura gótica en la que me había refugiado durante mi adolescencia, y cambié parte de mi ropa de viuda por un atuendo que incorporaba un poco de color, pensé en lo que dejaba de ser y en quién seguiría siendo. ¿Qué quería llevar conmigo? Me pregunté si la magia seguiría siendo parte de mi vida a medida que me alejaba de la música y la estética emo y me adentraba en los mundos y conceptos que me atraían de nuevo: el feminismo, el activismo, la homosexualidad. Una comprensión floreciente de mí misma como perteneciente a la clase trabajadora, con todas las políticas y psicologías que ofrecía la perspectiva. Sorprendentemente, la brujería no parecía menos relevante, sino más bien cada vez más importante a medida que exploraba esas nuevas áreas de la vida.

Sin embargo, por más acertada que me parezca la etiqueta de bruja, a menudo me pregunto si me estoy dando aires. Quiero decir, no tengo una túnica (una capa, sí, de lana, preciosa, atemporal); nunca me he iniciado en un aquelarre (a pesar de mis numerosas amistades estrechas con bichos raros geniales y aterradores); ¡realmente no puedo decir si lo que estoy haciendo frente a mi altar con mis velas es «wicca», o «paganismo», o qué! Dejo que una luna llena tras otra se oscurezca en el cielo sin poner nunca mis cristales a cargar. Y, sin embargo, descubro, una y otra vez, que quiero –o, más bien, necesito– realizar una práctica regular de comunicación con el Universo, con todo lo que no puedo ver pero que siento que está ahí. Necesito ver mis intenciones en forma de una vela de cera que se calienta cada vez más. Preciso perfumar mi habitación con humo y sentir su residuo sobrenatural en mi cabello. Me gusta hojear libros de hechizos y seleccionar uno que pueda ayudarme a atrapar mi deseo; adoro la conexión que le da al pasado. Me gusta pensar en mis propios hechizos extraños cuando utilizo «herramientas mágicas» que consigo en una tienda de manualidades o en un Target, en mi cocina o en la caja de juguetes de mi hijo. ¿Es esto brujería?

Con el transcurso de los años (¡y han pasado bastantes; incluso décadas!), me he asentado cada vez más como bruja. He llegado a comprender que no es un club de élite, nadie me va a llamar «impostora» por no celebrar de manera adecuada las fiestas de Yule o por no preparar un frasco de agua de luna llena. Lo maravilloso de una tradición mágica moderna es que podemos seleccionarla para que se adapte exactamente a nosotros. Podemos seleccionar tradiciones y prácticas del pasado, de nuestra propia ascendencia y herencia; podemos obtener inspiración espiritual de Internet o de nuestros amigos. Podemos practicar cuando nos conmueve y nos inspira, y podemos dejarlo durante un segundo si no lo sentimos. Podemos adorar y sentir devoción por seres míticos que resuenan con nosotros, o podemos hacer una ofrenda a nuestro yo más elevado. La magia moderna no tiene reglas, es orgullosamente *queer*, aunque está atenta a la apropiación cultural, ya que hemos aprendido las lecciones de la mezcolanza del *New Age* que nos precedió. Podemos hacer el trabajo de aprender si una práctica espiritual es «abierta» (es decir, si la cultura a la que pertenece la ha ofrecido con generosidad, o ha hecho las paces con ella, y la ha compartido con el resto del mundo) frente a las prácticas «cerradas», aquellos rituales que están reservados a las personas que realmente forman parte de la cultura de origen. Para la gente blanca que está entre nosotros, desaprender el racismo y la supremacía blanca debe ser parte de nuestra práctica espiritual; respetar que existen tradiciones que no son para nosotros es un aspecto importante de ese trabajo. Acercarse a las tradiciones ajenas a la propia con aprecio y curiosidad respetuosa (en lugar de la creencia supremacista blanca de que todo es suyo y está a su alcance) marca la diferencia. (Además, una postura de aprecio y curiosidad respetuosa en general podría ser una práctica espiritual en sí misma).

La brujería siempre ha sido feminista. Las brujas –las mujeres– fueron las primeras médicos, las que sabían que las hierbas y las plantas podían ayudar a un cuerpo, curarlo, las que entendían los misterios del parto, las que ayudaban a desmitificarlo para las nuevas madres en su papel de parteras. Barbara Ehrenreich y Deirdre English hablaron de estas sabias mujeres en su influyente panfleto feminista *Brujas, parteras y enfermeras: una historia de las mujeres sanadoras*, diciendo que «su magia era la ciencia de su tiempo». En la actualidad, el Royal College of Nursing de Escocia financia un proyecto de investigación masivo para encontrar evidencia de parteras practicantes entre las 4000 personas acusadas de brujería en Escocia entre 1563 y 1736 (más del 80 % mujeres, por supuesto).

Existe un movimiento para absolver a esas «brujas» de la antigüedad y reclamarlas como enfermeras, o simplemente como mujeres independientes que fueron a contracorriente de su tiempo. Pero también hay un movimiento entre las brujas contemporáneas para reconocerlas como nuestras antepasadas y para recuperar el término peyorativo «bruja» no sólo como el término preciso para una persona cuya práctica espiritual trata con la manipulación de la energía, la creencia en el poder de la naturaleza y el abrazo de deidades femeninas, sino también como un término cultural poderoso para las mujeres que, a través de los siglos, rechazaron ser controladas y se negaron a atenuar su poder personal o su conexión con lo gran desconocido.

Como joven feminista, me emocionó ver que la práctica mágica de la que había empezado a formar parte cuando cursaba secundaria realmente apoyaba mi empoderamiento e independencia como mujer. En la tríada de etapas de la vida femenina: doncella, madre y anciana, que muchas tradiciones paganas honran, vi por primera vez las fases de la vida de una mujer, desde la juventud hasta la vejez, tratadas con respeto y honor. Las doncellas no eran jóvenes y tontas, ignorantes y necias; tenían la sabiduría de una mente salvaje, la inocencia y la perspicacia de una principiante. Las madres no estaban descalzas ni embarazadas, no eran aburridas ni se sacrificaban; ni siquiera tenían que ser madres *per se*. Eran simplemente mujeres en un momento en el que su poder físico y el poder de su experiencia vivida se sincronizaban, lo que permitía que su energía creativa dinámica se hundiera en cualquier esfera: la maternidad, claro, pero también la búsqueda del arte o el pensamiento, el sexo, los negocios o las relaciones.

Pero en ese momento de mi juventud, probablemente fue el arquetipo reverenciado de la vieja bruja lo que más me conmovió. Había visto a la doncella y madre celebrada, aunque de manera perversa, en la cultura en general, pero nunca había visto a una mujer al final de su vida honrada y reverenciada por todo a lo que había sobrevivido, por la acumulación de su conocimiento, por la forma en que su cuerpo se inclinaba ante las fuerzas de la naturaleza después de haber exprimido hasta la última gota de vida de sus preciosos músculos, huesos y carne. Nunca había visto que la proximidad de la muerte de una mujer mayor fuera abordada con asombro y curiosidad. La vieja bruja en la cultura de masas era una tonta vacilante, la otra cara de la moneda de la niña tonta: un poco desagradable, un poco aterradora, pero sobre todo triste e impotente. Con la brujería, capté una visión de la vieja bruja como alguien singularmente poderoso, todavía sexual, incluso todavía una fuerza cultural en su comunidad, todavía viva, una diosa, maldita sea. En el campo de la brujería, las mujeres y las *femmes* pudieron ocupar un espacio sin complejos durante todas las fases de la vida, y esta revelación fue un gran alivio para mí a la tierna edad de veinte años. Si bien mi propia vida todavía era en gran medida inimaginable, la brujería y el feminismo me dieron una idea vaga de cómo podría aprovechar al máximo mi tiempo en esta Tierra y animarme a perseguir las experiencias que me llamaban.

El empoderamiento que ofrece la brujería no es exclusivo de quienes se identifican como mujeres, y se ha vuelto aún más atractivo a medida que las personas tradicionalmente marginadas ocupan un espacio cada vez mayor en nuestra cultura. La desaparición de las religiones patriarcales organizadas ha sido noticia durante años, al igual que la historia que la acompaña: cuando la gente abandona las iglesias en masa, acude con curiosidad a prácticas que las religiones patriarcales han demonizado o ridiculizado durante mucho tiempo. Las personas *queer* de todos los géneros encuentran una aceptación y celebración sin concesiones de su sagrada homosexualidad en la brujería. De hecho, fueron los hombres afeminados, hombres que desafiaron los roles de género de su época, los que fueron utilizados con crueldad como leña –«maricas»– para quemar a las brujas de la Edad Media en Europa. Las mujeres poderosas que desobedecieron las órdenes de ser mansas e ignorantes siempre compartieron el estatus de proscritas con los hombres que resistieron la presión de ser crueles o duros o que se amaron unos a otros.

Me centro mucho en la historia europea porque, como estadounidense blanca, ésas son mis raíces, pero las prácticas populares indígenas de todo el planeta siempre han honrado la espiritualidad, al tiempo que permitían que las mujeres fuertes y los hombres sensibles, la autoselección de la expresión de género, la existencia en paz del amor entre personas del mismo sexo o de género existieran con pleno derecho. Las culturas indígenas de América del Norte, cuyas prácticas espirituales eran tan fuertes que se entrelazaban a la perfección con las prácticas de la vida diaria, reconocían a los individuos con dos espíritus, que parecían llevar dentro de sí la esencia de las energías masculina y femenina. El yoruba, una práctica espiritual autóctona del pueblo yoruba de África occidental, inspira con su panteón de orishas que desafían el género, deidades que, en palabras de la escritora y poeta feminista *queer* Moyomade Aladesuyi, «existen fuera de nuestros binarios». En las prácticas espirituales indígenas filipinas, los roles chamánicos de las babaylán eran desempeñados por mujeres fuertes y hombres de género variante. Incluso las exploraciones más breves de las prácticas paganas globales ofrecen evidencias de cómo la cultura blanca y puritana que enviaba a las brujas a la hoguera en toda Europa difundió sus mismos castigos violentos y antilibertad en todo el mundo a través del colonialismo. Los regalos que la magia popular ofrece a las personas de color, especialmente a las personas de color *queer*, son innumerables, una recuperación de sabidurías que amenazaban a los colonos blancos y sus nociones de supremacía blanca, subordinación femenina y capitalismo.

Feministas y homosexuales, mujeres y ancianos, así como personas de color: ¿hay alguien para quien no sea la brujería? ¿Y qué pasa con la gente pobre? Cuando era niña y crecí como católica en un enclave de bajas rentas de Nueva Inglaterra, percibí la hipocresía del apoyo de Jesús a los pobres y las insondables riquezas que la Iglesia había acumulado por todo el mundo, pero sobre todo en la Ciudad del Vaticano. Toda la jerarquía de la Iglesia, desde el papa en la cima hasta los sacerdotes de nivel medio que, supuestamente, eran los únicos que podían hablar con lo divino en mi nombre, todo parecía una corporación, ¿no? Y todo ello antes de que nos enteráramos del escándalo de abuso sexual que la Iglesia católica todavía encubre con grandes y horribles esfuerzos. A la luz de todo esto, la brujería me ofreció más empoderamiento y seguridad. En esta práctica desorganizada e individual, no tenía que fingir que creía en ninguna figura de autoridad humana; no corría peligro de ser manipulada por alguien que supuestamente tenía más acceso a lo divino que yo. En brujería, todos tenemos el mismo acceso a lo divino, ¡y nadie se enriquece con ello! Me encanta el alboroto que supone encender velas en mi altar y usar mi pequeño caldero para quemar hierbas, pero la verdad es que mi brujería sería igual de legítima y poderosa si tan sólo entrara en mi patio delantero y entablara una conversación con la palmera que vive allí, o tal vez recogiera algunos pétalos de rosa caídos o ramitas de romero de los arbustos que crecen silvestres alrededor de mi casa y los dejara en las raíces de la gran palmera. Probablemente incluso más.

En mi práctica del tarot, en la que leo cartas a una gran clientela que se extiende por todo el mundo, en mi trabajo como presentadora y productora del aclamado pódcast *Your Magic*, y durante el año en que presenté un programa de tarot en directo con llamadas, he escuchado a muchas brujas que no están muy seguras de si lo son. Quieren ser brujas. Lo ven ahí, más allá de ellas: una práctica mágica que sería especial, significativa, inspiradora. No saben muy bien cómo llegar hasta allí. Quiero que sepas que no tienes que convertirte en otra persona para adentrarte en una práctica mágica: puedes hacerlo hoy, tal como eres, y modificarlo todo para que se adapte a quien eres. Tal vez seas alguien como yo que ya tiene práctica, alguien que está constantemente hambrienta de versiones más contemporáneas de la magia, nuevas ideas que nos ayuden a sentirnos conectadas con la magia en nuestro tiempo y lugar. La magia moderna será la chispa que haga vibrar tus propias prácticas mágicas.

LOS FUNDAMENTOS DE LA MAGIA

A lo largo de la historia y en la actualidad, existen más tradiciones mágicas de las que cualquier libro podría describir: desde la adoración a la tierra de la Wicca u otras tradiciones paganas que siguen las estaciones hasta las escuelas de misterios secretos inspiradas en la alquimia de finales del siglo XIX, como la Thelema o la Hermandad de la Luz, pasando por el satanismo, con su simbolismo dramático y sus ceremonias, que está viviendo un renacimiento en Estados Unidos. Lo que todas ellas tienen en común es la creencia en lo desconocido, en que en este mundo existe más de lo que vemos con nuestros ojos. Hay energía que podemos captar para mejorar nuestras vidas y las de los demás. Los muertos tal vez estén con nosotros. Es posible conocer lo incognoscible a través de la intuición o la capacidad psíquica. Los animales son vitales. La Tierra es un trozo literal de magia en capas, que gira en un tanque infinito de energía cada vez más incognoscible.

A veces, la idea de que todo es mágico me resulta liberadora. No tengo que esforzarme tanto; lo que necesito es ser observadora y agradecida, consciente de los momentos de encanto cotidianos que fácilmente se pasan por alto a lo largo del día, y estar suficientemente presente en ellos como para evocar gratitud por mi vida aquí en la Tierra. En otras ocasiones, esto parece una excusa y siento una llamada a recurrir a la tradición y a las herramientas del oficio de hechicera para enfocar mi práctica. Hay un flujo y reflujo en mi propia práctica entre estos dos puntos: una magia relajada, buena por completo, latente, de bruja *hippie,* y una práctica más orientada a la acción que honra mi energía específica y las cosas que quiero manifestar en mi esfera particular. Esto me parece natural, el camino intermedio entre la pereza mágica y la productividad bajo una gran presión.

CONSTRUIR TU ALTAR

Cuando estoy lista para empezar a practicar, me dirijo a mi altar. Un altar es en realidad tan sólo una superficie que alberga tus herramientas mágicas, y debe ser respetada y no compartir espacio con otros elementos no mágicos. De esta manera, creas un pequeño espacio sagrado que ayuda a que tu mente alcance el estado elevado que responde al ritual. Mi propio altar es el estante superior de una librería de tamaño mediano. Se encuentra en mi despacho, que tiene una puerta que puedo cerrar para disponer de cierta privacidad, si es necesario. Lanzar hechizos y hacer magia te obliga a ser vulnerable a veces, a hablar en voz alta o bailar un poco, a rezar o meditar. Estas acciones se realizan de manera más efectiva sin ser interrumpida por una compañera de habitación o un amante entrometido.

Sigo la tradición de honrar a los elementos con mi altar. El reconocimiento de los cuatro elementos primarios de la Tierra es antiguo, y son el agua, el aire, la tierra y el fuego (además del éter celestial, el quinto elemento etéreo), los pilares de nuestra realidad. Los elementos son un tema recurrente en muchas prácticas metafísicas. No sólo los honran diversas tradiciones paganas, sino que también los vemos en acción en los palos del tarot y en la categorización de los signos astrológicos. (Esta repetición ayuda a solidificar las propiedades reales, sociales y energéticas de los elementos en tu mente, y expondré estas encarnaciones superpuestas de los elementos en la sección siguiente).

TIERRA: El elemento tierra es la energía fértil y de crecimiento del planeta en el que vivimos. Es abundante, creativa, trabajadora. Está un poco orientada a los objetivos y también en sintonía con las estaciones: de crecimiento, de cosecha, de pérdida. Por lo general, utilizo cristales para simbolizar la energía de la tierra en mi altar: se crean dentro de la tierra, a través de presiones y procesos que siguen pareciéndome insondables. Son tan variados y tan hermosos... La mayor parte de la magia es metáfora; veo en un cristal la belleza en la que podría convertirme o que podría crear si me aplico una presión constante. Tampoco puedo ignorar la riqueza de sistemas de creencias que honran a los cristales por tener sus propias características: el cuarzo rosa ayuda a aumentar el amor propio, la amatista estimula la intuición, etc. Me gusta organizar los cristales en mi altar de acuerdo con algo que trato de manifestar: un proyecto exitoso, una relación pacífica, salud física, riqueza material, un hogar seguro y acogedor. Podemos pedirles que nos ayuden a aprovechar los poderes terrenales de fortaleza, solidez, disciplina y crecimiento, para hacer algo con nuestro tiempo en el planeta, para dejar una marca duradera, algo que transmitir una vez que alcancemos nuestra inevitable cima como ancestros.

AIRE: Con el elemento aire reflexionamos sobre la mente. La escuela, la comunicación, el conocimiento, la escritura, el pensamiento metafísico, la filosofía... todo está en el reino del aire. En mi altar disfruto al utilizar humo; las hierbas que se queman perfuman el aire, hacen que un elemento invisible sea captado temporalmente por uno de nuestros sentidos. Ver el humo que se eleva y al que transporta el aire actúa como una gran metáfora del pensamiento ascendente, del mismo modo que su tendencia a alejarse puede ayudarnos a tomarnos menos en serio el pensamiento compulsivo, a menudo dañino, de nuestra mente de mono.

Dejo que ardan ramitos de hierbas en mi caldero; quemo varitas de incienso compradas en una iglesia en España; o esparzo hierbas sueltas o resinas adquiridas en tiendas ocultistas sobre una pantalla calentada por una vela para conjurar el humo. Como el elemento aire se ha representado históricamente con plumas y espadas, a veces coloco en mi altar una pluma que encuentro, así como objetos afilados al azar, como la espina de una raya que he hallado en una tienda de ciencias naturales, o las pequeñas espadas de plástico que atraviesan una aceituna de cóctel; es bueno ser creativo y tener sentido del humor. En el tarot, el aire (representado con frecuencia por las espadas) es tristemente célebre por ser uno de los palos más sangrientos y dolorosos: una acotación sobre cómo los humanos nos complicamos la vida con nuestros malentendidos, nuestros malos pensamientos, nuestra confusión mental. Las prácticas espirituales asiáticas (el budismo en particular) se centran tanto en domar la mente porque existe la sensación de que todos nuestros problemas comienzan y, por lo tanto, pueden terminar ahí. Pero también existe deleite y electricidad en el aire, así como gusto y discernimiento, la capacidad de imaginar nuevos futuros, de empujar los límites de lo conocido, de abrazar lo incognoscible.

FUEGO: Para el elemento fuego, por supuesto, empleo velas. Vemos tierra a nuestro alrededor todo el día, y también agua; literalmente, respiramos aire, pero la relativa rareza de experimentar el fuego en su elemento puro hace que su presencia se sienta al instante elevada. Tener un poco de este poderoso elemento, tan volátil como para provocar una destrucción gigantesca, contenido en mi altar, es increíble, como tener un león en miniatura ronroneando sobre mi estantería. Como elemento, el fuego representa, de diversas formas, nuestro espíritu o alma, nuestra pasión y ambición, nuestro impulso y nuestra energía. Abarca la parte sexy del romance, la locura de dejarse llevar por los propios pasos, la vibración primaria de nuestros impulsos sexuales salvajes. También gobierna la creatividad, la creación artística y el juego. El fuego abarca muchas bases y, como es un símbolo de nuestro propio campo de energía personal y nuestro deseo, el fuego entra en juego en casi todos mis hechizos. El fuego significa acción, y cada hechizo necesita al menos un poco de ella, si no mucho.

Puedes mejorar la potencia de tus velas y tus hechizos vistiéndolas: ungiéndolas con aceite, grabando deseos o símbolos en la cera, esparciendo hierbas o purpurina, pegándoles piedrecitas diminutas. De esta manera, una vela puede convertirse en representante de todos los elementos y de la complejidad de tu deseo. En el tarot, el palo de fuego de las varitas o antorchas a menudo ilustra la victoria, a veces simplemente el triunfo de estar en el camino espiritual que es adecuado para ti. El fuego puede adoptar muchas formas, como vemos en los signos de fuego del zodíaco: desde la chispa salvaje de la llama que corre el riesgo de apagarse o descontrolarse hasta el fuego contenido que nutre a una comunidad, pasando por el fuego noble del pensamiento expansivo, que apunta a iluminar nada menos que la condición humana.

AGUA: Me decanto por representar el agua en mi altar con un recipiente de agua real. A veces es una pequeña taza de cristal de mi abuela, o una copa de vidrio negro ornamentado del Madonna Inn, el lugar donde reconocí por primera vez que estaba enamorada de mi esposo, y el lugar donde finalmente nos casamos. Otras veces hay una jarra grande de agua de luna o una concha marina brillante e iridiscente. La energía se vuelve rancia, y si quieres que tu altar sea un lugar vivo donde te relaciones contigo mismo y con lo numinoso, en lugar de otro estante de trastos que acumulan polvo, tienes que cambiarlo de vez en cuando. Una razón por la que me encanta tener una copa de agua en mi altar es que se evapora, lo que me impulsa a volver a llenarla y a permanecer consciente y cuidar el espacio sagrado. El agua representa nuestro yo emocional, y esto no es una gran sorpresa cuando pensamos en el signo más obvio de las emociones intensas: las lágrimas. Felices o trágicas, sabemos que sentimos nuestras emociones cuando el océano que vive dentro de nosotros se derrama. Probablemente ya conozcas todos los beneficios de llorar: cómo nuestras lágrimas contienen anticuerpos y minimizan las hormonas del estrés, limpian toxinas y generan endorfinas. Regulan las emociones que las provocaron en primer lugar y nos dejan en un estado más calmado que cuando comenzaron los sollozos. El elemento agua, en la magia, representa la purificación que recibimos de un buen llanto, de un baño o de una ducha. Representa nuestros tiernos corazones y la manera en que pueden emocionarse con alegría o destrozarse con dolor. Representa las relaciones, catalizadoras de todo tipo de lágrimas: de amor, compromiso, amistad, familia y también desamor cuando cualquiera de estas conexiones se vuelve amarga. El agua también es mística. Es donde se originó la vida en la Tierra y los individuos aún comienzan su existencia inmersos en fluido. Se mueve (como nuestros estados de ánimo) por la luna y gobierna espacios que no tienen fronteras, donde el movimiento es fácil y la individualización pasa a un segundo plano en favor de la interconexión.

ÉTER: Por supuesto, existe un quinto elemento, el éter. Éste, como creación de la antigüedad, considerada durante la época medieval como la fuerza invisible que llenaba el espacio mismo, ha llegado a significar muchas cosas en la magia. A veces es un sustitutivo de la fuerza vital, como el *prana* asiático o *chi*, una energía que se transmite a través de nuestro cuerpo y por todo el cosmos. Puede leerse como lo inefable, lo desconocido, el gran misterio, lo divino. Se lo conoce como *akasha* en sánscrito y la Fuerza en *La guerra de las galaxias*. Es el Vacío o la Nada del budismo y, para los alquimistas, el ingrediente que falta en la elusiva piedra filosofal.

Hay tradiciones paganas que alientan a los practicantes a representar este quinto elemento en su altar con una flor, una imagen de una deidad o incluso un espejo, para reflejar la propia naturaleza divina. Durante bastante tiempo, guardé una baratija de segunda mano en mi altar, un unicornio de cerámica con un cuerno astillado, envuelto en una pequeña pulsera que había hecho mientras hacía manualidades con mi hijo, cuentas que deletrean R-E-I-N-A-<3. La mantuve allí hasta que tuve que cambiarla; ahora está en el alféizar de mi ventana y me guiña el ojo mientras escribo esto. En mi altar, el espíritu está representado en la actualidad por una gran corona dorada, sus picos adornados con estrellas. Me gusta colocar una vela dentro de ella y observar cómo la llama lanza sombras en forma de estrella a través de mi habitación. El éter está presente en todos los elementos y, como tal, no tiene signos astrológicos específicos en su gobierno, ni un palo propio dentro del tarot. No hay ninguna herramienta mágica que se corresponda exactamente con él, porque es con lo que usamos nuestras herramientas para conectarnos y manipular: la fuerza vital de la que surge toda la materia.

Con los elementos representados y cuidados en mi altar, es hora de jugar con la elaboración de algunos hechizos. El juego, en realidad, es el ingrediente más poderoso en la eficacia de un hechizo. Numerosos estudios sobre el poder del juego para adultos han agregado ciencia a esta noción mágica: se ha correlacionado el juego con una mayor emoción por estar vivo, una disminución del estrés y una mayor capacidad de enfrentamiento. Cuando me dispongo a lanzar un hechizo, me siento en contacto con la versión de niña pequeña de mí misma, y pruebo aspectos nuevos y diferentes de mi «yo» y conjuro una gran imaginación capaz de cumplir deseos.

¿Es el lanzamiento de hechizos una fantasía? Ni más ni menos que cualquier práctica espiritual. Como me deleita, me ayuda a centrarme en mis deseos, a menudo nebulosos, y desencadena todas las recompensas neuroquímicas que trae consigo un estado de juego, he llegado a valorar el lanzamiento de hechizos con independencia de si «funciona». Pero la realidad es que sí funciona, a menudo de maneras extrañas y paradójicas, como negarte las cosas que querías y que en realidad no eran buenas para ti.

A veces, creo que estos pequeños recados del destino los llevan a cabo entidades del reino espiritual: un guía espiritual que trabaja junto a mí, antepasados biológicos que intentan ayudarme a vivir mejor mi vida, o incluso antepasados elegidos, figuras históricas o diosas con las que siento una afinidad y a quienes a veces les pido ayuda para realizar hechizos. Otra forma en que comprendo el trabajo con hechizos es entender que el universo está lleno de energía, corrientes de fuerza y movimiento que responden a la intención. Como si se tratara de atrapar una ola y surfearla hasta la orilla, a veces imagino un hechizo que envía mis deseos y anhelos al espacio, donde se sincroniza con un pulso energético que lo sobrecarga, lo hace explotar y lo devuelve a casa.

Cuando nos implicamos con la magia, en realidad nos involucramos con el misterio: la maravilla de la vida en esta Tierra fértil y en crecimiento, en nuestros cuerpos extraños, carnosos y permeables, rebosantes de imaginación y deseo. La brujería es un espacio seguro para alejarse de lo completamente racional, para poner la corona de la primacía en los sentimientos, la emoción, la intuición, el juego y el anhelo.

Damos gracias por el misterio e invocamos la verdadera fe para lanzar nuestras esperanzas y deseos al caos creativo, sabiendo que nosotros (nuestros cuerpos, nuestros sentimientos, nuestra energía) también somos aspectos importantes de lo desconocido. Nos sincronizamos con el gran misterio, pedimos un deseo y nos sentamos a ver qué sucede a continuación. Tanto si recurres a la tradición como si te la inventas sobre la marcha, la magia moderna es una práctica inherentemente personalizable e inspiradora. Deseo que encuentres tu propio ritmo ritual, sea cual sea la forma lúdica que adopte.

EL ALTAR DE «SÓLO POR HOY»

Mi participación en varios grupos de doce pasos me acercó a la magia. Aunque a muchas personas que visitan este mundo les da un poco de miedo la idea de que todo es divino, yo me tomé en serio la promesa de que el poder superior que se nos insta a buscar es el que entendemos por nosotros mismos. No importa que en su mayoría no entienda cuál es mi poder superior (¿el Universo? ¿Hécate? ¿Stevie Nicks? ¿Yo?), aproveché la oportunidad para sumergirme más profundamente en la extraña práctica mágica que había cultivado de manera inconsistente. Mis drogas de elección personal a menudo habían sido intentos inútiles de comunicarme con lo divino (¡el vino de Dioniso, el amor y el sexo prometidos por Afrodita!), así que tenía cierto sentido que una parte de abandonar los tóxicos destructivos consistiera en conectar con las energías mágicas desde la pureza de mi propio cuerpo, mente y espíritu.

Uno de los numerosos contenidos que ofrecen las prácticas de doce pasos es una pequeña oración, poema, mantra y ensayo llamado «Sólo por hoy». Las personas en recuperación no son las únicas que se sienten abrumadas de manera rutinaria por el mundo y su lugar en él. Eso es algo humano, y la intensidad de sentirse tan abrumado sólo aumenta con el tiempo. A lo que sea que pueda estar sucediendo en nuestras propias vidas en cualquier momento, podemos agregar las redes sociales, el cambio climático y el caos del capitalismo en etapa avanzada. «Sólo por hoy» nos ofrece un momento para tranquilizarnos, hacer una pausa y, en lugar de asustarnos, alinearnos con el ahora. Nos «adaptamos» a la suerte que se nos ha concedido actualmente, en lugar de golpearnos con la ansiedad de esforzarnos. Nos comprometemos, de manera temporal, a «no encontrar defectos en nada». Nos atrevemos a no tener miedo por un instante. Y así sucesivamente. Hablar de una misma produce dopamina, una sustancia química que genera felicidad y que escasea entre quienes se niegan a hacer nada, por lo que tiene sentido que los escritos de los doce pasos tiendan a extenderse un poco. Pero ahí también reside su encanto: si el programa nos aconseja «tomar lo que queramos y dejar el resto», podemos escanear el documento y seleccionar en qué nos gustaría que consistiera ese momento sagrado y eterno.

En el siguiente «hechizo», busca en Google un PDF gratuito de «Sólo por hoy» de Alcohólicos Anónimos y selecciona tres humildes afirmaciones que te resulten atractivas. Luego, utiliza el mágico Internet para echar un vistazo de dónde está la luna. ¿En qué signo está? Inspírate con el signo del zodíaco y su elemento y construye un altar para el AHORA. Lleva algo a tu espacio mágico que salude las energías que la luna refleja hacia ti y también algo para honrar las energías del sol. ¿Hay un ambiente festivo? Registra cualquier acontecimiento estacional, así como cualquier día especial que reconozcan tus tradiciones de origen o elección. ¿Se acerca tu cumpleaños o está próximo un aniversario personal? Permite que sean parte de tu AHORA. El espíritu de esta acción es de gratitud y de profundo reconocimiento. Como dice la canción de Fever Ray, tan apropiada para las brujas, *Now's the only / time I know* («Ahora es el único / momento que conozco»), lo mismo es eternamente cierto para todas las personas. Al tomarte un momento para estar en armonía con el presente fugaz, te sincronizas con muchas filosofías que nos instan a dar gracias por nuestras vidas rápidas y humildes simplemente sentándonos, respirando y agradeciendo. Medita ante tu altar o baila un poco: la elección es tuya y tal vez esté influenciada por lo que sucede durante tu momento especial en el tiempo.

Aunque «Sólo por hoy» tiene como objetivo centrarnos en el momento presente, sabemos muy bien que todo momento conduce a otro. Este escrito tiene un lado taimado, ya que puede convertirse en una práctica para centrarse en el ahora, cuando el cielo no se te ha caído encima, cuando estás relativamente a salvo, cuando puedes apoyarte en la comodidad del momento y dejar que se haga más fuerte, hasta que se convierta en una presencia mágica que ayude a protegernos de los «qué hubiera pasado si» con los que nos maldecimos a diario. Tanto si se convierte en un bálsamo para la ansiedad como si simplemente es un dulce momento de gratitud por lo que se nos ha regalado, y tanto si tu altar ocasional se mantiene al azar colmo si florece en algo habitual, siempre es un simple paso de lo mundano a lo mágico que puede liberar un poco de magia y reorientarte hacia ti y tu hermosa vida.

1

Bienvenidas a mi aquelarre

El título que le di a este capítulo es en broma: no tengo ningún aquelarre. Y es muy probable que tú tampoco lo tengas. La mayoría de las personas interesadas en la brujería y la magia experimentan con ellas por su cuenta, eligen hierbas y libros en tiendas ocultistas, encienden velas, exponen cristales a la luz de la luna llena... Empecé a adoptar estas prácticas (quemar incienso o pequeños mechones de sangre de dragón, rellenar una bolsa de satén con pétalos de flores y atarla a mi chaqueta de cuero) cuando cursaba secundaria. Secundaria, como es bien sabido, es un fastidio. Alejada del catolicismo de mi juventud, después de haber adquirido un guardarropa de viuda en tiendas de segunda mano y haberme enamorado de bandas con nombres como The Lords of the New Church y Christian Death, mi elaborada extrañeza era un objetivo en mi tierra natal de la costa norte de Massachusetts. Los vehículos pasaban a toda velocidad y me arrojaban basura e insultos. Me escupían en la calle, me amenazaban en el transporte público. Mi familia estaba angustiada. ¿Por qué iba a solicitar toda esta atención negativa? ¿Era necesario que me tiñera el pelo de azul y me pintara los labios de negro? Un poco asustados, comprendían más el impulso de arrojarme envoltorios vacíos de McDonald's que mi propio impulso de vestirme de manera tan dramática. «Simplemente soy yo misma», protestaba, y exigía una protección y una comprensión que no obtenía. Estaba bien. Las recibía de mis amigos, un grupo de góticos asimismo incomprendidos que luchaban contra sus propias familias en Boston en la década de 1980.

Una nueva amiga, Gwen, incluso vivía en Salem, donde quemaron a las brujas. Toda Nueva Inglaterra se siente embrujada, pero sobre todo

Salem. La ciudad bailó un delicado tango, expresó arrepentimiento por los asesinatos asociados a los famosos ahorcamientos, mientras se inclinaba hacia el espectáculo para ganar dólares de los turistas. Los coches de policía locales tenían imágenes de brujas montadas en escobas en las puertas, y la ciudad honró a la practicante Laurie Cabot como la bruja oficial de Salem. Su tienda, Crow Haven Corner, era la tienda de ocultismo más antigua del país y bendecía al equipo de fútbol de secundaria todos los años. A Gwen le gustaba llamarla «la perra oficial de Salem» después de que casi la atropellara su elegante coche negro, pero siempre sospeché que mentía; como éramos unos marginados, era difícil aceptar a cualquier figura de autoridad, incluso la improbable figura de una bruja laureada.

Nunca tuve miedo de meterme en problemas con la brujería. Mis nueve años en la escuela católica tuvieron el efecto no deseado de hacerme completamente consciente de la manipulación de los mitos por parte de la Iglesia.

¿Un parto virginal? Por favor. A mí me sonaba a miedo a la sexualidad de las mujeres. ¿Un pozo negro subterráneo y llameante para albergar a los «pecadores» durante toda la eternidad? Me parecía una gran manera de infundir miedo en las masas y acosarlas. Me hubiera gustado creer en ángeles con alas musculosas y en un Satanás astuto y seductor (¡y a veces lo hago!), pero sobre todo me parecía tan ficticio como el panteón de los dioses griegos. Probablemente Zeus no estaba lanzando rayos por ahí. Quizá Dios no estuviera sentado en una nube sondeándome como un juez amargado. Pero había algo.

Como mucha gente que encuentra su camino hacia el mundo de las brujas, me encantaban las historias de fantasmas y los cuentos del reino espiritual. Los relatos sobre ovnis me daban escalofríos a causa de la emoción. Los libros sobre telequinesis y clarividencia, percepción extrasensorial y «sextos sentidos» me cautivaban. Todo lo que sugería que había más en la realidad física de lo que dábamos por sentado, más que la moralidad aburrida de la religión en blanco y negro, bueno y malo, me llenaba de una especie de energía. Una inspiración. Un conocimiento.

No sabía exactamente a quién o a qué estaba dirigiendo mi magia de la adolescencia. Pedía cosas (novios, en especial), pero ¿a quién le estaba proponiendo esas peticiones? No estaba segura. Disfrutaba conjurando a una diosa mística y desenfocada, una energía femenina que tal vez ni siquiera estaba encarnada, que es posible que sólo fuera una vibración; sólo le proyectábamos un cuerpo físico porque eso es lo que conocemos en la Tierra: carne, lo material. En esta fuente me sentía liberada para pedir cosas materiales y carnales. Mi educación católica desaprobaba rezarle a Dios por cosas egoístas como juguetes y viajes a Disneylandia. Pero esta forma de adoración, por lo que vi en los libros de hechizos, parecía alentar a una persona a querer cosas y a pedirlas. Yo quería amor, sobre todo, y también una vida grande y emocionante. Quería ser fuerte frente a mi tumultuosa vida familiar, y deseaba estar protegida y ser valiente frente a las personas de mente estrecha que me acosaban a diario.

He aprendido mucho y he visto cómo cambia la cultura en los muchos años que han pasado desde que era esa chica gótica adolescente, pero sigo siendo ella cada vez que me acerco a mi altar. Todavía no entiendo muy bien a quién o a qué le hago ofrendas, sólo que hace que cierta parte latente de mi psique cobre vida. A medida que se abre esa parte de mí que necesita y responde a las cosas espirituales, me siento más tranquila e inspirada, conectada con el gran misterio de lo que somos, dónde estamos, qué es todo. Es todo tan agonizante aquí abajo a veces, ¿verdad? Pero también es tan hermoso, tan maravilloso... Pido cosas: éxito (signifique lo que signifique), oportunidades, sexo apasionado, mayor intuición, abundancia, seguridad. Y ofrezco gratitud por todo lo que asombrosamente, y con mucha improbabilidad, tengo: una carrera de escritora, una práctica experta del tarot, un marido genial, un hijo maravilloso, amigos para toda la vida, sobriedad. Enciendo velas y quemo cosas que llenan la habitación de humo fragante. Coloco cristales y baratijas en hilera en mi altar (es decir, en la parte superior de una estantería) y me rocío con agua que ha reposado bajo la luna llena o deslizo por debajo de la lengua una gota de tintura elaborada por brujas. Medito sentada en un zafu hinchable y traigo a mi práctica los años que pasé sentada y estudiando en el Centro Zen de San Francisco. A veces trabajo con una curandera que prepara baños de flores y hierbas que ayudan a limpiarme de la mierda mundana que ensucia mi vibra.

A veces pido espráis protectores a una bruja con una práctica rumana y judía para ayudarme a mantener mis límites y protegerme psíquicamente de las fuerzas que todavía trabajan contra las personas que viven fuera de la norma: brujas y personas *queer* y trans, personas de color en un mundo de supremacía blanca, individuos con cuerpos y habilidades que desafían las formas en que nos enseñan qué debe ser un cuerpo.

Llegué a la magia como una forastera, alguien que había despertado a los males del mundo y podía detectar con facilidad las evidentes conexiones entre las formas en que el mundo me trataba y los modos en que trataba a estos «otros». Continuaría convirtiéndome en una forastera a lo largo de mi vida a medida que abrazaba el feminismo y me declaraba *queer*, que mi homosexualidad evolucionaba para alinearme con las personas trans, que me ganaba la vida en la industria del sexo, que me di cuenta y me comprometí con el proyecto de antirracismo de toda la vida, que me convertí en la madre de otro ser en esta Tierra. Todas estas cosas me llevaron a una conexión más profunda con el mundo y a un mayor conflicto con las personas que lo habitan. Y la brujería está aquí para eso.

¿Qué es la brujería? Como alguien de ascendencia europea que aprendí sobre ella en mis viajes a Salem, mi propia práctica es bastante eurocéntrica, con un poco de paganismo por aquí y de *wicca* por allá. Como no soy parte de una tradición establecida –¡si la idea es atractiva, me apunto a ella! Simplemente, nunca me han pedido que lo haga–, tengo la libertad de inventarla sobre la marcha, e improviso. Lo que he logrado, después de décadas de práctica, es una práctica espiritual totalmente a medida, de alta costura, por así decirlo. Me inspiro en la mitología y la historia, en la cultura pop y en la ascendencia *queer*. Adoro a Hécate, la reina grecorromana y gótica de las brujas, y también ofrezco devoción a Flora, la diosa italiana de las flores, que captura la parte de mi espíritu que se siente siempre joven y optimista y que tiene un asombro infinito por las flores y los aromas. A veces me he sentido atraída por las tradiciones afrocaribeñas, pero, como me daba miedo apropiarme de culturas que no eran la mía, me sumergí en mi propia ascendencia polaca y llegué a comprender que todas las culturas tenían su propia magia popular antes de que llegara el cristianismo y arruinara la fiesta. Busqué en mi ADN y me conecté con Trishna, una diosa gótica polaca que protege a los cadáveres y pasa el rato en cementerios; la contraparte eslava de Flora, Lada, una vertiginosa reina de mayo; y la diosa del sexo Zizilia. Fue emocionante comprender que todos nosotros, sin importar quiénes seamos o cuál sea nuestra ascendencia, tenemos una tradición de brujería en nuestro pasado esperando ser descubierta.

Una de mis brujas favoritas, la escritora Vera Blossom, una vez me aconsejó que, cuando estás confundida o cautelosa, el acto de preguntar puede elevarse al nivel de un hechizo: «En lugar de sentirte paralizada por invocar de manera no consciente a una deidad que no deberías, o invocar el mal de ojo al apropiarte por accidente de algo de una práctica cultural, acércate a los practicantes y a las tiendas de magia con preguntas, pregunta sobre un nuevo hechizo, plantea cuáles son tus necesidades con otros practicantes y encuentra algo que te parezca correcto y verdadero». ¡No tengas miedo de admitir que no sabes y que necesitas orientación! La humildad es siempre una buena fe espiritual, sin importar cuál sea tu tradición.

Mientras buscas en Google deidades y practicantes a quienes consultar, me gustaría compartir contigo algunos hechizos de mi propia historia, tanto reciente como antigua.

EL HECHIZO DE MICHELLE DE «A LA MIERDA ESTO»

Te pido disculpas por ser tan grosera, pero ¿no puedes sentir el poder mágico de ese lenguaje? Se les llama palabrotas por una razón. Una de las herramientas mágicas más simples y poderosas a tu disposición es tu propia voz.

Tomamos aire y lo movemos a través de nuestro cuerpo y creamos vibraciones. Cuando lo piensas de esa manera, nuestras palabras parecen ofrendas mágicas, ¿no es así?

Para este hechizo canalizaremos el espíritu de la adolescente desafiante. Tal vez no eras una adolescente desafiante; quizá te sintieras demasiado intimidada para decir que no, o tal vez te criaras en un espacio afirmativo que te daba pocas razones para rebelarte. Independientemente de si eres o eras una persona nerviosa, si eras una persona bien adaptada o si tienes antecedentes de una juventud descontenta, conocemos bien el arquetipo de la niña salvaje. Si no eras tú, tal vez lo fuera tu amiga, un espectro de la escuela que desafiaba con valentía las costumbres sociales, un personaje de un libro o una película. Sea quien sea, evócala en tu imaginación. Siéntate en silencio e invoca a un espíritu femenino de desafío. Imagino la carta del tarot de la sota de espadas, tal como la ilustra Lady Frieda Harris en la baraja de Thoth, mientras se lanza hacia arriba en una nube de furia, poseída por la belleza y la rabia, y apunta hacia el cielo con su espada desenvainada, como si estuviera preparada para derribar la realidad misma. Y este hechizo es especialmente grandioso cuando se trata de la realidad a la que hay que resistir; cuando se aprueba una legislación que amenaza a comunidades vulnerables; cuando grupos de personas tan mezquinas y enojadas como las que mataron a las brujas se reúnen en tu comunidad; cuando un grupo de seres humanos está siendo señalado y convertido en chivo expiatorio; cuando tú misma sientes el aguijón de la injusticia en tu vida.

Reúne algunas herramientas mágicas. Te recomiendo una vela, un alfiler o una cuchilla afilada, pimienta, una rodaja de cítrico y, si ya tienes el hábito de fumar, algo que fumes (recomiendo un cigarrillo de hierbas con flores, si puedes conseguirlo). No necesitas hacer todo esto para realizar este ritual con éxito. Pero para aquellos que sí se entregan a este vicio en particular (un vicio que yo, como muchos jóvenes rebeldes, adquirí en mi adolescencia), utilízalo aquí. Puedes llevar este ritual a un lugar exterior en vez de apestar tu casa. No hay problema. La magia al aire libre es, en muchos sentidos, preferible si puedes llevarla a cabo. Las brujas fumadoras también deben de tener un bolígrafo colorante de alimentos, o, lo que es lo mismo, esos marcadores con los que puedes escribir en los pastelitos y que están disponibles en muchas tiendas de comestibles y manualidades.

Con una cuchilla o un alfiler, graba las palabras «A LA MIERDA ESTO» en la vela. Déjala en el suelo y rodéala con un círculo de pimienta. Enciéndela. Elegí la pimienta por su evidente sabor picante y repelente; es una especia fuerte y perfecta para conjurar hechizos. Está asociada a Marte, el dios grecorromano de la guerra y el planeta que nos ayuda a manejar los conflictos. Puede que te resulte útil saber en qué planeta se encuentra tu propio Marte y ver si eso puede ayudarte a visualizar mejor a tu deidad adolescente rebelde personal.

Toma el cítrico y, del mismo modo, corta la piel. ¡A LA MIERDA ESTO! Elegí los cítricos porque, como la vida, son ácidos y dulces; nos avergonzamos de su sabor, aunque se nos haga la boca agua. Si bien es el ardor y la injusticia de la vida en la Tierra lo que puede inspirarnos a realizar este ritual, nunca debemos perder de vista la misteriosa belleza, la deliciosa pulpa de nuestras vidas. Las diosas de los cítricos incluyen a la india Alakshmi, una diosa que trae pobreza y desgracia; y a la diosa italiana Pomona, cuya energía lleva flores embriagadoras a los árboles de cítricos y hace que den frutos ácidos. Parece que los humanos siempre han reconocido las propiedades metafóricas y mágicas de los cítricos.

Siéntate frente a la vela y la fruta y piensa en esa diosa adolescente que has conjurado. Localiza y observa tu energía dentro de tu cuerpo. ¿Dónde puedes sentirla? ¿En la parte superior de tu cabeza, o la sientes como un ardor en tu pecho o como tensión en tu rostro u hombros? Realiza algunas respiraciones para relajarte y para reunir esa energía y enviarla por todo tu cuerpo. Concéntrate en tu respiración. Con cada inhalación, piensa: A LA MIERDA; con cada exhalación: ESTO. Crea un ritmo. A LA MIERDA. ESTO. A LA MIERDA. ESTO. Imagínate a personas, lugares o cosas que deseas expulsar de tu campo energético. ¿Un político particularmente malvado? ¿Un miembro de la familia que ha hecho más daño que bien? ¿Cierta energía represiva que te has dado cuenta de que te frena? ¿Qué le dices a estas fuerzas? A LA MIERDA. ESTO.

Ten en cuenta que el mantra no es «que te jodan». No es una maldición ni un maleficio. Hay que mandar a la mierda ESTO, joder a ESTO (y que te jodan, debo mencionar, es en realidad algo maravilloso; pero para este hechizo nos apoyaremos en las propiedades de rechazo extremo de la palabra) es su poder sobre ti, ya sea el espacio que ocupa en tu cerebro o el miedo que evoca en tu corazón. Tu destino es vivir con libertad en esta tierra y, al hacerlo, siempre corres riesgos. ¿Te arriesgas a la censura de estas fuerzas al ser tu increíble yo? ¿Es así? Bueno, A LA MIERDA ESTO. No vas a dejar que personas odiosas ocupen espacio en tu cerebro o restrinjan tus movimientos alegres.

He dicho antes que hablar en voz alta es una magia poderosa que utiliza el elemento del aire y la carne sagrada de tu propio cuerpo para crear vibraciones. Si estás en un lugar donde es seguro comenzar a cantar A LA MIERDA ESTO, ¡hazlo! ¡Así emites al aire una vibración literal de resistencia! ¡Qué genial!

¿Y si fumas una sustancia en un envoltorio de papel? Escribe en él «A LA MIERDA ESTO» con tu bolígrafo para comida y fúmatelo, y piensa «A LA MIERDA ESTO» mientras inhalas y exhalas. Mientras fumas, alimentas a tu deidad adolescente rebelde. No lo hagas si te vas a sentir culpable, sucia o enferma; hazlo sólo si puedes permitirte el lujo de hacerlo con el espíritu feroz y rebelde que subyace a ese «A LA MIERDA ESTO», y envía tu mensaje al éter en bocanadas y columnas de humo.

Creo que es una buena idea echarse una siesta después de este ritual. O hacerlo por la noche y luego acostarse. Has extraído algunas energías profundas y las has exorcizado de una manera muy clara. Deja que tu psique procese y tu sistema se reinicie. Cuando te levantes, recuerda que tu deidad adolescente enojada está en tu corazón y te anima a no aguantar tonterías y a seguir adelante con tu excelente vida.

HECHIZO DE LADA FEMME

Lada es la diosa polaca de la primavera y de las mujeres. Como la mayoría de las diosas, era la jefa y tenía muchos reinos que cuidar, pero la primavera y los nuevos comienzos eran su estilo característico y, como era una protectora de las mujeres, creo que protege a todas las criaturas femeninas, independientemente del sexo o género que te hayan asignado o en el que te sientas cómoda.

Creo que las mujeres (personas que expresan, cultivan y hacen funcionar la energía femenina) tienen una magia en particular poderosa. Lo siento si suena a sexismo inverso (es broma, eso no existe), pero todo lo que necesitas hacer es mirar atrás en el tiempo y el espacio para encontrar evidencia de la relación de las mujeres con la intuición, el reino espiritual y la magia en general. Incluso la mujer menos cursi del mundo femenino todavía exuda una especie de encanto (la raíz de esa palabra procede del latín, «encantamiento», por cierto); no se puede evitar.

Tal vez quieras desarrollar tus poderes femeninos en la forma en que te expresas (por ejemplo, quieres el coraje o inspiración para ser femenina, visualmente hablando), o estás interesada en fortalecer tus poderes tradicionalmente femeninos de intuición, adivinación y otras magias lunares. Quizá te sientas acosada por la realidad de la violencia a la que se enfrentan las mujeres a diario y desees más protección. Sea cual sea tu necesidad, Lada te respalda. Primero, elige una vela. El color verde es ideal, ya que la honra como la reina de la primavera, aunque el rosa también funciona, como una recuperación de un tono que se ha asignado a las niñas, y, por tanto, considerado como débil, pero en realidad es un color fantástico que irradia amor y vibraciones de fiesta. En tu vela, talla el símbolo especial de Lada. Se asemeja a una cuadrícula de tres en raya vacía, inclinada de lado y rodeada por un círculo. Debería formar un diamante en su centro y las puntas de las líneas tendrían que extenderse a través del círculo. También puedes tallarlo en una fruta y comértela o dejarla como ofrenda o, si eres una incondicional, rascártelo o dibujártelo en la piel. Mientras haces esto, habla con Lada, en voz alta o en tu mente. Pídele lo que quieras: más magia femenina, mayor protección femenina o ambas cosas. Tal vez tengas una amiga femenina que esté en una mala situación particular de mujer y quieras pedirle a Lada que la cuide. Mantén vivo el hechizo haciendo crecer tu relación con Lada y continúa hablando con ella y meditando sobre ella.

HECHIZO DEL CEMENTERIO DE TRISHNA

Trishna es una diosa menor en el panteón polaco, pero como patrona de los cementerios, captó mi atención de inmediato. Al igual que Trishna, siempre he disfrutado del ambiente de un cementerio. Mis abuelos vivían al otro lado de la calle de un cementerio muy antiguo, y durante el tiempo que viví con ellos, el lugar era mi patio de recreo, un espacio verde en una ciudad afligida por el deterioro urbano, que ofrecía piedras de una belleza cincelada que te hacían entrar en un estado de contemplación sobre la vida y la muerte y el misterio de todo ello. Me rompí la muñeca montando en bicicleta en ese cementerio y mi primer beso real tuvo lugar encaramada en una tumba. Mi marido me propuso matrimonio en el cementerio Hollywood Forever, el lugar de nuestra primera cita en la era de la COVID, donde deambulamos, con mascarillas y a dos metros de distancia, contemplando los lugares de descanso final de Dee Dee Ramone, Vampira y Mel Blanc (en su tumba se puede leer: «¡Eso es todo, amigos!»).

La tierra molida de un cementerio, sobre todo la del suelo de una tumba en particular, se ha utilizado durante mucho tiempo en la magia. Desde el antiguo Egipto hasta las prácticas de *hoodoo* estadounidenses que se originaron con los africanos esclavizados, la combinación de tierra con todas sus energías inherentes de arraigamiento y abundancia, con el impulso adicional de la proximidad a uno de nuestros mayores misterios, la muerte, hacen de la tierra de cementerio una potente herramienta mágica. Añade a eso la energía de tantos humanos que han acudido a cualquier tumba irradiando amor y dolor, admiración y respeto, y tendrás una tierra extremadamente cargada.

(Está bien, no tengo que decirlo, ¿verdad? Pero lo voy a hacer de todos modos: cuando digo tierra de cementerio, me refiero a una pequeña cucharada de tierra del suelo. ¡Eso es todo! No quiero decir tumbas reales, con piedras, huesos, plantas o flores).

Una sustancia tan sagrada como la tierra de cementerio debería utilizarse en los hechizos más importantes. Así que, en primer lugar, ¿qué quieres? ¿Creatividad? ¿Amor? ¿Poder? ¿Abundancia? ¿Dinero? ¿Familia? Una vez que hayas seleccionado lo que vas a pedir, examina un poco tu cementerio local. ¿Quién está enterrado allí? ¿Alguna persona creativa conocida? Seguramente algunas parejas casadas, unidas en el más allá. ¿Algún líder, gente que ha acumulado poder y abundancia durante su vida terrenal? Si puedes hacer coincidir tu deseo con el de una persona que en vida vio ese mismo deseo cumplido, la tierra de su tumba tendrá una resonancia especial.

Encuentra la tumba. Si tienes algún problema, no temas pedir ayuda a un trabajador del cementerio. En mi experiencia, aceptan la interacción humana y disfrutan mostrando el lugar a la gente. Además, a los trabajadores del cementerio les suelen gustar esos lugares, así que no pensarán que eres un bicho raro por deambular por la zona.

Cuando estés solo frente a la tumba, habla con Trishna, guardiana de este lugar. Anúnciale que acudes con un corazón puro y gratitud, y que te gustaría tomar un poco de tierra para hacer magia. Dile lo que buscas y por qué. A continuación, dirígete a los muertos con un corazón puro y con gratitud y pregúntales lo mismo. Por supuesto, es poco probable que escuches un «¡A por ello!» desde el éter, pero podrás sentir en tu cuerpo si es un «a por ello» o si es un «va a ser que no». Si adviertes alguna sensación negativa o desagradable, aborta tu misión. Es posible que esa sensación de temblor sea simplemente tu incomodidad por estar en un cementerio y cavar un poco de tierra de tumba, pero si no te sientes cómoda con un ritual de este tipo, ¡no deberías hacerlo de todos modos!

No tomes más que un puñado de tierra de la tumba. Llévala al lugar donde haces tu magia. Yo la pondría en un frasco o en un cuenco pequeño y bonito, pero si quieres simplemente amontonarla en tu altar, está bien. Es tu espacio, tu magia. Puedes dejarla allí como si fuera una ofrenda, algo cerca de lo que meditar cada día mientras trabajas para conjurar lo que deseas. Puedes incluirla en un ritual mayor, haciendo que rodee una vela de un color que se corresponda con tu deseo, o ser súper juguetona con ella y elaborar un pastel de barro, repleto de decoraciones de pétalos de flores y piedras. La magia de los cementerios (¡y los cementerios!) no tiene por qué ser lúgubre y espeluznante. En mi casa del sur de California, los cementerios locales son con frecuencia sitios para proyecciones de películas al aire libre, exhibiciones de arte, espectáculos de marionetas y celebraciones comunitarias, como el enorme festival del Día de los Muertos que llena el cementerio Hollywood Forever con música en vivo, puestos ambulantes de comida y toneladas de altares con mucho cariño. Respeta la tierra de tu cementerio y disfruta de los rituales que inspira.

2

Santas patronas y otras brujas

A menudo pienso que mi deseo de acercarme a una energía desconocida mayor que yo (a través de hechizos, devoción, meditación, alineándome con la historia de las brujas que me han precedido) es lo más humano que hay en mí. Nuestra historia está repleta de mitos, religiones, supersticiones, rituales, dioses, diosas y todas las cosas extrañas y hermosas que la gente ha hecho para dar las gracias o apaciguarlos. Por supuesto, muchas de estas tradiciones se han calcificado a través de los siglos y han perdido su misticismo y asombro y se han convertido en poco más que hábitos basados en el miedo que se transmiten de generación en generación sin pensar demasiado en cómo realmente sirven a alguien. Ésa puede haber sido tu primera experiencia con la «espiritualidad»: algún tipo de religión con un panteón y un dogma en el que te decían que creyeras, y un castigo mitológico a mano esperándote si no lo hacías. He pasado gran parte de mi vida despotricando contra esas instituciones y sistemas de creencias. Pero también he descubierto que, incluso en los sistemas más cerrados y dogmáticos, hay vestigios de misticismo: la posibilidad de algo más grande y más allá de nosotros. El romanticismo de las energías encarnadas en seres sobrenaturales. El poder de la oración para lanzar hechizos, manipular la energía y meditar. Si se desmonta el caos desordenado de la mayoría de las tradiciones espirituales, lo que queda en el núcleo es bastante similar en todo el mundo.

Me introduje en una práctica espiritual a través del catolicismo. Supongo que podría haber sido peor. De todas las ramas del cristianismo, el catolicismo es el que conserva la mayor parte de la magia pagana y popular indígena que usurpó y proscribió. Se ha escrito mucho sobre las raíces de brujería y decididamente no cristianas de las grandes festividades cristianas, pero aun así me maravillo ante su audacia. Tomemos como ejemplo la Pascua, la festividad cristiana que honra la crucifixión y desaparición de Jesucristo (quien, para que conste, parece un tipo genial, que anda con trabajadoras sexuales, predica la no violencia y utiliza sus poderes psíquicos para emborrachar a los invitados a las bodas). Se celebra sospechosamente muy próximo al equinoccio de primavera, que estaba dedicado a la diosa Ostara en Europa del Este. Se encontraron «huevos de Pascua» de arcilla (fantásticas decoraciones de colores con forma de huevo) en los terrenos de una ciudad medieval que se remontan al siglo x. La llegada de la primavera, con sus obvias conexiones con el nacimiento, la renovación y la fertilidad, temas que a los antiguos paganos les encantaba celebrar, fue tomada por la Iglesia, que deslizó con habilidad su propia deidad en la mitología con un conveniente relato de «resurrección».

Lo mismo ocurre con la Navidad. Centrada en el solsticio de invierno, la noche más oscura del año, los festivales que enfatizan la «luz en la oscuridad», tanto literal como metafóricamente, son los que mandan. Puedes imaginar lo mágico que debió parecer un árbol de hoja perenne, con su capacidad de permanecer verde y vivo todo el año; lo dulce que era honrarlo con adornos y velas, incluso introducirlo en casa y utilizar la magia simpática para ayudarnos a superar la noche más larga, el duro y frío invierno. El solsticio es lo peor de todo: después de esa noche, el sol comienza su lento camino de regreso a la plenitud y la primavera. Cambia el sol por el hijo y contempla la forma inteligente en que la Iglesia se apoderó también de esta festividad. (Y no quiero hablar de la diosa reno del pueblo indígena sami del Ártico y de la forma en que los chamanes sami celebraban el solsticio de invierno arrojando hongos psicodélicos por las chimeneas de los aldeanos. Búscalo en Google).

De niña, me asombraba y me inspiraba (y, por último, me aburría) el interior de mi iglesia local. Nuestra Señora de la Asunción, un nombre que da para bromas, era tan estridente y exagerada como suele serlo una iglesia católica, e influyó en mi estética de vida con su altar forrado de terciopelo, el cáliz dorado oculto en el interior de un tabernáculo reluciente, la escandalosa escultura en bajorrelieve del cielo, ocupada por un Dios blanco y barbudo que se extendía hacia nosotros desde una nube.

En segundo grado tuve mi primera experiencia de la verdadera elegancia femenina (*drag*, por así decirlo) con la adquisisión del vestido blanco mullido que usaría para mi primera comunión. Incluía un velo, y el velo venía con una tiara, y pensé que podría morir de lo hermoso que era. «¡Me siento como una princesa!», recuerdo que le dije efusivamente a mi madre. Antes de juzgarme, revisa tu fobia a las mujeres. Me negué a dejar de usar ese atuendo, incluso cuando celebramos mi Eucaristía con un viaje a la granja de animales salvajes de Benson. Me manché los brillantes zapatos blancos con la suciedad y el polvo del zoológico, y utilicé el velo para filtrar los olores de los animales y alejarlos de mi nariz.

Para que no parezca que me estoy poniendo demasiado nostálgica sobre una entidad que ha hecho más daño a las mujeres, a las personas *queer* y trans y a las supervivientes de abusos que cualquier otra en el mundo, permíteme disculparme. No me hago ilusiones sobre la violencia y la injusticia que la Iglesia católica perpetúa de manera activa y global. No he ido a la iglesia desde que me confirmaron en octavo grado, algo que traté de dejar de hacer, porque había descubierto el nihilismo gótico y el panteísmo. No metería un centavo en sus arcas. Pero es complicado. El catolicismo es la tradición por medio de la cual descubrí a la diosa y aprendí a rezar. Y rezar consiste simplemente en lanzar hechizos, sin campanas, sin arrodillarte.

En secundaria estaba obsesionada con María. Cuando era niña, me identificaba muchísimo con todas las chicas. Todavía no puedo ver una película o un programa en el que no aparezcan muchas mujeres; simplemente me desconecto, dejo mi cuerpo. Las imágenes de feminidad me conectaban con la tierra, y María, que estaba representada por estatuas y retratos en toda mi escuela, me cautivaba. Me sentía especial por asistir a una escuela que llevaba su nombre, que se llamaba así por su ascensión sagrada y mística al cielo, algo así como ser transportada en un rayo tractor a la nave nodriza pero diferente.

Si no conoces la ridícula historia de la Virgen María, permíteme contarte el mito: María era una adolescente, todavía virgen, que se comprometió con un hombre llamado José. El arcángel Gabriel apareció en su casa una noche, la despertó con su trompeta (algo de muy mala educación) y le dijo que, aunque nunca había tenido relaciones sexuales, estaba embarazada y su bebé sería el «hijo de Dios». Eso causó cierta fricción entre ella y su prometido, quien le dijo: «Sí, claro». Pero Gabriel pasó por la casa de José y le comentó: «No, amigo, en serio», y todo se calmó.

A lo largo de los años he reflexionado mucho sobre este mito. Me resulta formativo, ya que me ofrecieron una diosa a una edad muy temprana que, además, está alojada en mi psique. Como persona *queer* que pasó por muchos esfuerzos y problemas para dar a luz a su propio hijo de dios, me encantaría creer en el caso erróneo de la concepción inmaculada; qué maravilloso sería si quienes tuvieran útero pudieran reproducirse de manera espontánea, como un lagarto de cola de látigo. Pero como esto nunca se ha visto en la vida real, es claramente un mito. O una mentira. ¿Qué habría pasado si María hubiera engañado a su prometido y, al ser una persona impresionantemente imaginativa (así como una actriz hábil), lo convenciera de este suceso místico? En un tono más oscuro, ¿qué habría pasado si la hubieran violado y hubiera deseado que el insulto de la misoginia no se agregara a la herida de su ataque? ¿Y si, en cualquiera de los dos casos, tuviera que seguir con la artimaña de criar a su bebé para que creyera que era una especie de mesías, convirtiéndolo en el paciente cero de los complejos de mesías? ¿Y si sufriera una enfermedad mental que le provocara delirios? Hay muchos escenarios susceptibles de imaginarse, pero el de que Dios la dejara embarazada parece tan probable como el de que la diosa Atenea salga del muslo de Zeus.

Estos ejercicios intelectuales me resultaban ajenos cuando era niña y, en segundo grado, estaba deslumbrada por mi primera diosa. Lo que en realidad me cautivaba era cómo se suponía que sucedería de nuevo. Habría una segunda venida de Jesús y todos los católicos estaban entusiasmados con esta antigua promesa. Pero si iba a venir un nuevo Jesús, eso significaba que tendría que haber una nueva María. Y yo quería que fuera yo.

Sentía que estaba en una competencia vaga pero enorme con, literalmente, todas las demás chicas del planeta. Podía sentir los ojos de Dios sobre mí (eso lo sentía, me habían criado para que lo hiciera), y me consideraba la potencial Mejor Chica del Mundo, la más adecuada para dar a luz al segundo Mesías. Creía que era una contendiente. Era buena. Me iba bien en la escuela, no me peleaba demasiado con mi hermana, escuchaba a mis padres en general. A medida que me daba cuenta de que tal vez estaba en la carrera para ser la Próxima Virgen del Mundo que dio a luz, comencé a controlar mi comportamiento con mayor dedicación. No quería arruinarlo todo.

Pero lo hice. Mi maestra, la Sra. Poiree (a la que casi despidieron por preguntar con incredulidad a una clase de niños de siete años: «¿Todavía creéis en el conejo de Pascua?»), me entregó un examen una mañana y mi pequeña barriga dio un vuelco cuando vi que había sacado una mala nota. ¿Una mala nota? ¡Una mala nota! Las malas notas no eran buenas. Significaban que no habías estudiado o que eras idiota, y puedes apostar a que el Dios que mira desde allá arriba en el cielo no quería que la madre de su próximo hijo sagrado fuera una cretina holgazana. Sabía que en algún lugar del gran mundo había una niña que no había sacado una mala nota en un examen ese día. Le había ido bien y, ¡felicidades!, todavía estaba en la carrera. Yo no. Yo ya estaba fuera.

Metí la prueba debajo de mi jersey de punto reglamentario y pregunté si podía ir al baño. Abajo, en el frío sótano, en el baño de chicas, que estaba vacío, rompí la prueba en cien pedazos y los tiré a la papelera. Destruí la evidencia. No hablaría con mis padres sobre ello y, tal vez, con el tiempo, me olvidaría de todo aquello. Pero ¿adivinas quién nunca lo haría? ¿Quién lo había visto y juzgado todo, todo el tiempo? Dios. Dejé de lado mi deseo de ser la siguiente Virgen Madre de Dios. Pero nunca dejé de lado a María, la primera de muchas iteraciones de la divinidad femenina que desencadenó ese impulso devocional en mi espíritu.

Es precisamente la inclusión de María en su panteón lo que hace que la Iglesia católica sea tan diferente de otras corrientes del cristianismo. Ella es la diosa pagana secuestrada y apropiada, para que los fieles pudieran seguir aferrándose a su devoción femenina mientras eran forzados a adoptar un nuevo sistema de creencias. Las iglesias antiguas, e incluso las modernas, todavía muestran evidencia de esto y conservan detalles paganos, como los magníficos rosetones que honran a la diosa o las escandalosas Sheela Na Gigs, las brujas decorativas que mantienen abiertas sus enormes vaginas que decoran el exterior de las antiguas iglesias europeas; sólo Irlanda cuenta con cien de estas damas salvajes.

Creo que mi predilección por la devoción tiene su origen en mi tiempo en la iglesia con María. Me advirtieron que nunca rezara por cosas materiales, así que dudaba en pedir nada, y mis oraciones tendían a la gratitud: que mi familia y yo estuviéramos a salvo, tuviéramos comida, estuviéramos sanos. Aunque pensaba que Jesús estaba bien, desde muy joven me sentí incómoda con los hombres (¿quizá por culpa de un padre malhumorado y alcohólico?), pero amaba la energía femenina y me sentía intuitivamente conectada a María. La idea de que ella me cuidaría como una madre tenía sentido. Me entregué a ella, le dirigí mis oraciones nocturnas, me dormí sintiéndome sostenida por ella.

Al llegar a la adolescencia, me volví contra María, al igual que lo hice contra todo lo relacionado con la Iglesia católica. Obviamente, la Iglesia la creó con un nacimiento virginal porque todos odiaban a las mujeres y no podían lidiar con las partes femeninas y los poderosos misterios de sus cuerpos (esta lectura aún se mantiene). Después de haberme convertido en gótica y bruja, busqué otras deidades a las que adorar. Consideré a Satanás, como se hace cuando uno se rebela contra la Iglesia. El valor de la transgresión y el impacto por sí solos ya valen la pena. Encontré una copia de la *Biblia Satánica* de Anton LaVey en Newbury Comics y la compré. Fue muy divertido leerla en el metro; mi pelo gigante y enmarañado y mi palidez mortal ya iban a atraer una atención no deseada, pero la *Biblia Satánica* infundía miedo en los corazones de muchas personas de región católica. Susurraban sobre mí, pero en la mayoría me dejaba en paz.

Aparte de ser un escudo protector, la *Biblia Satánica* me pareció sorprendentemente genial. En manos del autor, Satanás era tan sólo un tipo genial y rebelde que se atrevía a decir la verdad al poder. Más un símbolo que una entidad encarnada, ser satánico significaba ser un pensador libre, un libertino, sin prejuicios, sexual, que vivía el momento. Como adolescente perseguida que ansiaba crecer y marcharme de Nueva Inglaterra para llevar una vida salvaje y liberada, aprobaba el satanismo y me encantaba explicar a cualquiera que quisiera escucharme lo incomprendidos que eran los satanistas. No querían beberse la sangre de tu bebé, ¡sólo querían disfrazarse y montar orgías! Aun así, aunque apoyaba su causa, no captó mi atención mística con la suficiente fuerza como para atraerme. Probablemente los tipos sí.

Mi comprensión de mi herencia católica cambió de un modo radical con la inauguración de una tienda de botánica en mi ciudad, en una callejuela junto al puente que conducía a Boston. Las botánicas son tiendas ocultistas creadas sobre todo para practicantes de tradiciones mágicas afrocaribeñas: santería, yoruba, ifa, espiritismo... Cuando era adolescente ya había descubierto tiendas ocultistas más orientadas a la Wicca, como Crow Haven Corner, en Salem, o Arsenic and Old Lace, en Cambridge. Las botánicas parecían puntos de energía intensificada que me hacían sentir soñadora cuando cruzaba sus puertas. Las cosas que vendían eran similares, pero también muy diferentes. Había aceites y hierbas, pero también jabones y aerosoles. Había velas, pero en lugar de encontrarse en frascos simples, el vidrio estaba marcado con imágenes y oraciones, tanto en inglés como en español, dirigidas a diversas deidades y entidades. Incluidas, para mi sorpresa, un montón de santas católicas.

Allí estaba santa Lucía, con sus ojos en un plato. Santa Bárbara, con su corona gruesa. Santa Rita, con su tercer ojo iluminado por el Espíritu Santo. Incluso vi a Jesús, al Niño Jesús, en su elegante representación como el Niño de Atocha, y a múltiples Marías, con sus vestidos anchos, sus halos extravagantes, sosteniendo a su bebé y pisando suavemente las nubes, el agua o la luna creciente. Nunca había visto los iconos de la religión de mi familia representados de manera oculta, y me quedé paralizada. A través de los libros llegué a entender cómo los africanos secuestrados de sus hogares y obligados a la esclavitud en las islas colonizadas por Europa escondían a sus amadas y prohibidas deidades detrás de las imágenes de los santos católicos que les metían por las orejas. Y así, santa Rita, la santa patrona de lo imposible (sobre todo de las relaciones imposibles), sustituyó a Oba, que gobierna el matrimonio, y fue la primera esposa del dios Changó. Changó, un dios supermasculino, fue representado por santa Bárbara, ya que ambos gobernaban el fuego y el rayo. Se sabía que el Niño de Atocha, con su sombrero de plumas y su cayado de pastor, su capa y su gorguera, era Elegua, un dios encantador y embaucador que a menudo se representa de niño. Y así continuó, al igual que mi comprensión de una práctica espiritual sincretizada.

Me inspiró la creatividad y la devoción de estos africanos esclavizados en el Caribe. Empecé a ver a María y a las diversas santas católicas (cuyo espantoso martirio me atraía y me repelía a la vez) no como quienes la Iglesia decía que eran, sino como quienes yo quería o necesitaba que fueran. Como adulta sobria en un programa de 12 pasos, aprendí la siguiente frase: toma lo que te guste y deja el resto. De manera intuitiva, comencé a aplicarlo a los iconos de mi juventud. Cuando encendía las velas que compraba en la botánica, no estaba pidiendo a la Virgen de la Caridad del Cobre, la Virgen María como Nuestra Señora de la Caridad; tampoco estaba venerando a Oshun, la diosa del amor yoruba. Veía a ambas deidades dentro de ella, pero también ella era la diosa antigua, precristiana, adorada globalmente en la imagen de la gente que la amaba. Ella era el poder generador del universo, tal vez el universo mismo. Ella era el gran misterio, capaz de todo, y mientras encendía la vela sobre mi tocador, creando sin saberlo un altar, pedía cosas. Un novio, seguro, tristemente, pero también protección y abundancia, y sentía que la gratitud brotaba de mí al reconocer que, de una forma u otra, fragmentos de lo que anhelaba ya estaban disponibles para mí en mi vida.

Una vez escuché a la escritora Elizabeth Harper referirse a sí misma como «culturalmente católica», y sentí que algo hacía clic dentro de mí. Si bien esa identidad no está en la vanguardia de mi espiritualidad, o de quien imagino que soy, con esa frase de repente sentí que se abría un pequeño espacio dentro de mí para esa tradición problemática y nostálgica, espeluznante y hermosa, complicada. Imagino que muchos de nosotros que nos alejamos de las tradiciones en las que nacimos, en especial aquellos que se desvían hacia prácticas más místicas, encontramos una manera de volver a escondidas y apoderarnos de los rituales e iconos que sentimos que están maduros para recuperarlos. En cuanto a mí, en este punto, María está tan arraigada en mi concepto de diosa que no hay forma de extraerla. Las santas iluminan mi yo de sombra, mi Perséfone interna, la forma en que mi psique ha erotizado el dolor y el sufrimiento, el sacrificio y la feminidad. Ágata de Sicilia sosteniendo sus pechos en una bandeja, como pequeños pastelitos de princesa; santa Teresa, cuyo éxtasis está tan bien articulado en la escultura de Bernini que casi se puede oír su gemido; Lucía, con esos ojos espeluznantes que tiene en esa pequeña bandeja. No puedo apartar la mirada de esos iconos torturados y fascinantes. Y, gracias a la naturaleza sincrética de la brujería, no tengo que hacerlo.

YO SOY MI PROPIA DIOSA

Éste es un hechizo para amplificar tus propias vibraciones divinas y aumentar tu comprensión de ti misma como diosa, creada a su maravillosa imagen. Tiene como objetivo estimular esa parte de ti que tiene una línea directa con el cosmos, tal vez incluso el rincón de tu psique que entiende que tú (nosotras) somos diosas, y que creamos esta realidad a medida que avanzamos.

Colocar un espejo en tu altar y utilizar tu propio ser para representar el espíritu, la diosa, lo divino es una práctica pagana. Así que, definitivamente, hazlo. A mí me encanta. Pon en marcha tu altar, enciende tus fuegos, rocía tus esencias, lo que sea que hagas para que tú y el éter sepáis que has llegado. Y una vez que lo hayas hecho, siéntate y comienza a meditar.

Céntrate. Siente y reconoce tu cuerpo, identifica y aleja cualquier pensamiento aleatorio que surja en tu mente (muy molesto, pero sólo está haciendo su trabajo). Una vez que te sientas cómoda contigo misma, piensa en quién serías si fueras una diosa. ¿Hay ciertos aspectos de tu personalidad que destacan fuertemente en ti? ¿Puedes localizar esas fortalezas en otras deidades? ¿Quieres tomar prestado algo de ellas? ¿Puedes encapsular tus fortalezas en un objeto metafórico o colorear tus exhibiciones de diosa, o un paisaje donde estén situadas? Tal vez haya pasiones e intereses que definan una parte de ti y quieras traerlos a la imagen de tu ser divino. Es posible que haya animales con los que te sientas profundamente identificada: ponte orejas, una cola, escamas, alas. Tal vez haya flores o cristales que te resulten muy familiares y quieras que formen parte de este retrato.

Cuando sientas que has creado una imagen lo bastante completa de tu divinidad interior, anótala en un diario. Dibújala si tienes talento (o incluso si no lo tienes). Añade cosas a medida que avanzas, a medida que te llega la inspiración. ¿Le das un nombre a esta deidad? ¿Le das tu nombre o un nombre secreto que te pertenezca? ¿De qué es la diosa? Si otros le hicieran una petición, ¿qué pedirían? ¿De qué tipo de ofrendas disfrutan? ¿De qué tipo disfrutas tú? Coloca un poco de eso en tu altar. ¿De qué color es? Enciende una vela de ese tono. Donde a menudo buscamos vernos representadas en una imagen mágica, aquí hemos localizado la magia en nuestro interior y hemos elaborado la imagen a su alrededor. Adórate a ti misma, pídete que un sueño descabellado se haga realidad y observa cómo lo cumples.

UN HECHIZO PARA SANTA TERESA

Tengo un adorno religioso de santa Teresa que encontré en una tienda de segunda mano. Es un pequeño tríptico de madera, cuyo panel central representa a la monja española con la cabeza echada hacia atrás, con los brazos extendidos y el cuerpo bañado por un hermoso resplandor dorado. Esta santa es conocida por sus éxtasis religiosos, pero en esta y en la mayoría de las representaciones de ella, parece perdida en una dicha mucho más física.

La Iglesia designó a esta santa lujuriosa y mística para que velara por los enfermos, los jugadores de ajedrez y las encajeras. Pero, claramente, está disponible para aquellas personas que quieran infundir su misticismo con algo de dicha sensual, así como para quienes deseen dar un toque místico a sus placeres físicos. Para este hechizo, tienes permiso para mover tu altar a tu lado de la cama, o crear uno y colocarlo allí, o simplemente acostarte en el suelo frente a tu altar normal y masturbarte. Pero, ¡espera! Primero, debes adornar tu espacio mágico con una imagen de santa Teresa, encender una vela morada (o roja, si dispones de una) y tomar cualquier piedra de amatista y cornalina que puedas tener. El púrpura es el color de la capacidad psíquica y la intuición, y la amatista se corresponde a eso. La cornalina es lujuriosa; una vez me eché una siesta con una bola suave en mi ropa interior, me desperté y tuve una cita sexual bastante alucinante (¿demasiada información?). De todos modos, ahora mismo vas a tener una cita sexual alucinante contigo misma. Mientras enciendes tu vela y preparas tu altar, pídele a santa Teresa que te ayude a traer magia a tu placer y placer a tu magia. Hazle saber que tienes la intención de tener un orgasmo trascendental. Ella puede entenderte y te apoya. Ahora, mastúrbate como normalmente te gusta, sin pornografía o erotismo (lo siento); los juguetes son geniales (siempre). Piensa en cualquier pensamiento que te guste, pero trata de intercalarlo con un elemento místico. Si eres una persona con mucha fantasía, teje magia oculta en tu historia; si eres una bestia puramente física, entiende que también contactas con una poderosa energía cósmica, no sólo con tu trasero. En el momento del orgasmo, envía tu energía desde tu cuerpo con intención. Si bien la magia sexual (¡eso es lo que estás haciendo!) es una práctica que te permite pedir o manifestar cualquier cosa, en este caso vas a tener la intención de que este orgasmo te ayude a acercarte a lo divino. Una vibración más brillante, un aura más fuerte, habilidades psíquicas más agudas, una intuición supercargada, una sensación de extrema cercanía con la diosa. Algo así. Después, échate una siesta si puedes. Cuando te despiertes, anota de inmediato en un diario lo que has soñado.

UN HECHIZO PARA SANTA LUCÍA

Santa Lucía está representada con los globos oculares en una bandeja para mostrar su martirio, porque se sacó los ojos. ¡Vaya! En estas representaciones, Lucía también tiene ojos dentro de la cabeza para ahorrarnos su espantosa realidad. Su enucleación la ha convertido en la patrona de los ciegos, así como en la que vela por los mártires. Habríamos actuado bien si le hubiéramos hecho ofrendas a principios de la década de 2020, ya que tiene poder sobre las epidemias y sobre las infecciones de garganta. También cuida de los vendedores y ¡de los escritores! No dudes en buscarla cuando tengas un resfriado o estés trabajando por encargo. Ahora mismo crearé un hechizo, quiero decir, una oración… quiero decir un hechizo… ¡oh, es lo mismo!, para ayudar a quienes, como yo, luchan por poner palabras en la página en una blanco o en esa pantalla brillante.

Es interesante que se haya elegido a una santa sin ojos para velar por los escritores. Aunque quienes tenemos visión utilizamos, por supuesto, nuestra vista para expresar las palabras, lo más importante en la escritura es el ojo interior, la imaginación, la capacidad mental de unir palabras, conceptos con conceptos y fenómenos en metáforas. Es el ojo de nuestra mente el que escribe lo que escribimos, y puedo dar fe de que nuestros ojos físicos son un verdadero detrimento para nuestro progreso literario. Son mis globos oculares los que observan mi escritura y la juzgan como basura o inútil, poco original o vergonzosa. Es en la relectura –esa interrupción del flujo creativo para juzgar mis esfuerzos– cuando mis ojos se posan en frases y progresiones que me desaniman, me llenan de frustración, hacen que me levante de la silla y me llevan en busca de un refrigerio que me reduzca el estrés. ¡Sí, santa Lucía, saca estos orbes para que pueda dejar de poner el mal de ojo sobre mis proyectos creativos!

¡Pero no, espera, espera! No queremos pedirle a santa Lucía que nos quite los ojos, ¡qué literal! Sin embargo, podemos hacerle una ofrenda como escritores, para que vele por nuestros esfuerzos, nos mantenga fieles a nuestro propio espíritu e inspiración, mantenga nuestras palabras y pensamientos energizados, enfocados y fluidos, y, lo más importante, que elimine ese mal de ojo de nuestra mente. Como profesora de escritura, siempre les digo a los escritores con los que trabajo que no editen mientras escriben. Escribir y editar son dos sabores fuertes que no saben muy bien juntos. Ahora bien, entiendo que los procesos de escritura varían, y que hay algunos escritores que pueden editar sin esfuerzo mientras escriben sin que eso interrumpa su flujo o les provoque una crisis existencial. Si éste es tu caso, ¡hurra! Sigue adelante. Para el resto de nosotros, parece que escribir y editar provienen de dos partes diferentes del cerebro, y editar, con su ojo necesariamente crítico, es demasiado duro para desatarlo durante el tiempo de escritura, cuando estás en un espacio más subconsciente, imaginativo y vulnerable. Santa Lucía, con su especial comprensión de la visión y la ceguera, el embotamiento y la iluminación, es una patrona fantástica para quienes queremos sobre todo mantener la mirada penetrante del juicio fuera de nuestros escritos para que podamos sacar los primeros borradores mediocres de nuestras cabezas y, más tarde, sentarnos y mejorarlos.

Para este hechizo, que se realiza mejor en tu espacio de escritura, justo antes de ponerte a trabajar, lleva una imagen de santa Lucía, una vela amarilla o naranja y, si dispones de ella, un poco de miel (¡genial para escribir!). Además, si te sobraron algunos globos oculares de Halloween, también puedes incluirlos (¿por qué no?). Enciende la vela y pídele a santa Lucía que mantenga tu ojo interior bien abierto a la inspiración, que le dé un enfoque constante y te lleve al flujo. O siéntete libre de pedirle cualquier favor que necesites relacionado con la escritura, incluso un gran anticipo de derechos de autor. Santa Lucía cuida de los escritores, no de la escritura, y los escritores necesitan que los cuiden. Cuando eliminas la iconografía católica de sus raíces cristianas, como hemos hecho, la advertencia de no pedir mejoras en el reino material desaparece. Éste es el reino de la diosa, la energía cósmica que construyó el universo. ¡Pide ese trato de seis cifras! Si puede, santa Lucía hará que se convierta en una realidad.

3

Suerte, buena y mala

Las mujeres de mi familia se tomaban muy en serio la suerte. Cuando cumplí dieciocho años, consideraron que estaba preparada para la iniciación en su tradición. Mi madre y mi abuela me acompañaron hasta el sótano de una iglesia. Todas las que estaban allí eran mujeres, en su mayoría, mayores, ancianas. Cada una había construido una especie de altar: pequeñas muñecas, fotos, flores secas, monedas, rosarios, estampas de oración.

Y, entre cada mujer y su pequeño altar, había hojas de papel estampadas con filas y filas de números sagrados. El aire estaba lleno de humo. El ambiente era tenso, muy expectante mientras esperábamos que comenzara el ritual.

Me refiero, por supuesto, al bingo. La primera noche me enganché por completo. Tal vez fue el aire cargado de nicotina lo que hizo que mi corazón se acelerara, pero hay algo en la posibilidad de jugar al bingo que aumenta mi adrenalina. A diferencia de otros juegos de azar (póquer, blackjack, máquinas tragaperras), con el bingo, alguien ganará seguro. Podría ser cualquiera. ¿Por qué no yo? ¿Por qué no tú? Como optimista sobrenatural, el bingo apeló a mi profunda creencia de que todos somos ganadores, que la vida tiene sus soluciones, que cualquiera puede tener un día de suerte. Y esa noche fui yo.

Cantar bingo fue una experiencia muy intensa. No estaba preparada para que la fuerte energía oculta de la sala se centrara de inmediato en mí, para oír a las mujeres mayores escupir «¡Mierda!» mientras me miraban con enojo y refunfuñaban. «Tienes suerte», dijo mi abuela, una bendición que borró las malas vibraciones de mis celosas camaradas. Setenta y cinco dólares siempre son bienvenidos, sobre todo cuando eres una joven de dieciocho años que trabaja en una tienda de mala muerte. Pero lo que realmente era valioso era la sensación de ser presentada a esa actividad que era en parte diversión y juegos y, en parte, una sesión de oración. Porque aunque alguien iba a ganar, el hecho de que fuera yo, en medio de aquella multitud supersticiosa y altamente católica, significaba algo especial en mí. Para otras posibles ganadoras en la sala significaría que el Dios cristiano las estaba mirando desde arriba, que Jesús las respaldaba. Pero para mí y para las mujeres de mi familia (católicas para presumir, pero que desprendían las vibraciones paganas de sus raíces europeas precristianas), ganar significaba que estábamos vinculadas a lo inefable. Nos conmovía. Éramos mágicas.

Yo tendería a pensar que la suerte era un concepto inventado, si no fuera por un extraño día en Las Vegas, cuando me desperté sintiéndome «afortunada». ¿Cómo es sentirse afortunado?, podrías preguntar. Brillante, fresca, como limpia y vivaz. Y en esa época no era ninguna de esas cosas. Recién salida de una gira de actuaciones punk de un mes en la que me encontré con nuevos mínimos alcohólicos, engañé a mi novia y me inundó la culpa. Cuando mi novia vino a buscarme al final de la gira, me sentí enferma en mi cuerpo, mente y alma. Me caían unas lágrimas enormes y muy dramáticas mientras conducíamos de regreso a casa, de Chicago a San Francisco, lágrimas que brillaban de un azul eléctrico por mi rímel, que caían sobre las latas de cerveza que había en el asiento delantero, acurrucada en el Ford Falcon clásico de mi novia, escondiéndome de la policía. Había dejado mi trabajo para irme de gira, así que estaba en la ruina. Fue mi novia quien pagó la gasolina para volver a casa, la comida y los hoteles a lo largo del camino, así como las lamentables latas de cerveza que me bebí. Mi dependencia de ella y su aceptación sin quejarse no hizo más que avivar mi miseria.

Fue un misterio que en medio de esta fiesta de autocompasión me hubiera despertado sintiéndome «afortunada». Barajé mi mazo de Thoth y saqué el diez de oros, que en este tarot se llama Riqueza. Si crees que sacar la carta de la Riqueza en Las Vegas es un presagio positivo, tienes razón. Mi exnovia y yo amábamos el exceso salvaje y de mala calidad de Las Vegas, y decidimos quedarnos a pasar la noche. Nos unimos a una partida de bingo en el ahora demolido Frontier Casino, un lugar con un ambiente del Oeste. Enseguida gané 75 dólares. Llevamos mis ganancias a la tienda de regalos más grande del mundo, donde traté de comprar algo de alivio de la culpa colmando a mi exnovia de regalos de mal gusto. Pusimos el resto en otra ronda de bingo en otro casino que tampoco existe ya, el Showboat, con temática Mardi-Gras. Allí canté bingo de nuevo, pero no un bingo normal. Esta vez gané el premio mayor de Powerball, un premio de 1600 dólares, suficiente dinero para pagarle a mi exnovia todo lo que había gastado en mí, además de para instalarme en casa mientras buscaba otro trabajo. Mil seiscientos dólares eran suficientes para un San Francisco en decadencia durante la década de 1990.

De vuelta a casa, rompí definitivamente con mi novia y comencé una relación disfuncional, pero también apasionada, de siete años con mi amor de gira. También comencé a jugar al bingo clandestino en mi sala de estar, replicando el premio mayor de Powerball que gané en Las Vegas. Todos los jueves por la noche, mi apartamento se llenaba de humo de cigarrillos, y las baratijas de la suerte de todos se agitaban frente a ellos en la mesa de café o donde estaban sentados con las piernas cruzadas en el sucio suelo de mi sala de estar. La vieja perra que todos llevamos dentro salía a la luz mientras borraban furiosamente sus tarjetas con pinceles, refunfuñaban en voz alta porque no habían cantado los números que querían y maldecían a aquellos cuyas tarjetas estaban más llenas que las suyas. Fue divertido durante un tiempo, pero para ser honesta, ganaba con demasiada frecuencia para el gusto de mis amigas. Como presentadora del bingo y anfitriona de la noche de juego, parecía un poco sospechosa. Cuando finalmente gané el premio mayor de Powerball, temí que me arrastraran hasta la guillotina. «¡No puedo evitar tener suerte!», protesté, aunque una mirada a mi alrededor podría sugerir lo contrario: la ducha, por ejemplo, era un armario de hojalata, el suelo estaba podrido y oxidado, y el desagüe seguía completamente atascado, de modo que uno tenía que usar calzado para el agua y ponerse sobre un cartón de leche para lavarse. Aun así, sabía que mi proclamación era cierta. Tenía suerte. Todavía la tengo.

Es fácil creer, cuando gano al bingo, que mi Nana, y también mi tía abuela Ella, están conmigo de alguna manera, vigilándome, usando estos juegos de azar para comunicarme su presencia. Una tarde, mientras jugaba al bingo en la mesa de la cocina con mi hijo pequeño, amenazó con dejar el juego porque yo no dejaba de ganar. «Es por mi abuela», le dije. «Y tal vez por mi tía. Deberías hacerles una ofrenda. Quizá te ayuden también». Y accedió. Subimos las escaleras, donde tengo un pequeño altar sobre una estantería y también un carrito con ruedas lleno de todas las herramientas de mi oficio de adoración: varitas de palo santo, frascos de salvia seca que mis amigas me habían regalado, frascos de incienso protector, frascos de lavanda seca, frascos misteriosos de hierbas que olvidé etiquetar (a las brujas les encantan los frascos) y más cosas. Reuní un poco de esto y de aquello, puse algunos cristales en mi altar y encendí velas. Hice sonar una campanita que había colgado de un clavo encima del altar y pronuncié en voz alta: «Nana y tía Ella, si estáis aquí, éste es vuestro bisnieto y vuestro sobrino tataranieto. Tiene una ofrenda para vosotras, para que lo ayudéis a mejorar su juego del bingo». Asentí con la cabeza hacia mi hijo. «¿Qué vas a hacer por ellas?», le pregunté.

Mi hijo se colocó en el centro de la habitación y comenzó a bailar de la forma más salvaje, desenfadada y contoneante. Tenía los brazos muy por encima de la cabeza y los agitaba hacia los costados. Luego giró de un lado a otro. Levantó las piernas. Se balanceó por el suelo de madera. Sin aliento, finalmente se detuvo e hizo un gesto con las manos. «Ha sido increíble», le dije, totalmente impresionada. ¡Nunca había hecho una ofrenda física tan atrevida y espontánea al Universo! Mi hijo había hecho la ofrenda más pura jamás vista, una ofrenda de su espíritu único, imposible de replicar. Bajamos las escaleras y reanudamos nuestro juego de bingo. Él perdió. Yo gané.

¿Es real la suerte? ¿Hay algo? Los científicos no pueden decir con certeza que no vivimos en una simulación por ordenador. La vida es un enorme misterio: el cómo y el porqué de nuestra existencia, lo que sucede cuando morimos; cada parte de nuestra existencia terrenal es un rompecabezas que puede romperte el cerebro si intentas resolverlo con demasiada intensidad. Me encanta la magia porque me permite aceptar lo insondable e incognoscible tal como es. Me da una plantilla para la adoración y la gratitud que me hace sentir bien, que parece elevar mi humilde oficio, por un momento, a un templo secular. Me gusta sentirme conectada con una historia de la humanidad que siempre tuvo el impulso de buscar el gran misterio y adorarlo, de hacer ofrendas para nuestros pequeños deseos humanos, de suplicar a poderes invisibles que nos ayuden, de atrapar una cinta invisible de energía y montarla como un surfista hace con una ola, directo a la orilla de nuestras mejores vidas. Creo que la suerte es una de esas olas que a veces podemos atrapar, y he creado algunos hechizos, amuletos, rituales y prácticas para ayudarte a atraparla.

En cualquier empresa, en la búsqueda de todos los deseos, la suerte es un componente. Puede llenar los vacíos que dejan la falta de experiencia, la escasez de talento, una naturaleza distraída. La suerte siempre está presente, por lo que los hechizos de suerte se pueden utilizar en cualquier ámbito de la vida: amor, carrera, arte, amistad, dinero, viajes, lo que sea. Por supuesto, a veces parece que no funcionan, como la ofrenda de mi hijo a sus antepasados. Claro, podría significar que todo es una tontería. Por otra parte, en el gran esquema de las cosas, tal vez sea mucho más afortunado no obtener lo que se desea. ¿Quién sabe? Cuando se trata de lo inefable, siempre estamos en contacto con los grandes misterios de nuestras vidas. Haz la ofrenda, realiza el hechizo y luego da un paso atrás y deja que el Gran Desconocido haga su trabajo.

Sumerge tus pies en las aguas de la adivinación de la suerte con algunas inspiraciones fáciles de mi hijo y mi exnovia favorita. Siguiendo el estilo de mi hijo, haz una ofrenda a cualquier persona o cosa que creas que podría escucharte con benevolencia. ¿Tu poder superior? ¿Las grandes energías del Universo? ¿Tu querida abuela fallecida? No importa en qué te centres, llama al destinatario y luego baila con todas tus fuerzas. La magia no tiene sentido para la vergüenza o la timidez; como un actor en su papel más crucial o un amante en el calor de la pasión, debes creer en lo que estás haciendo, en lo que estás ofreciendo, con todo tu corazón, mente, nervios y sudor. Baila y desplómate en el suelo. Ofrece gratitud por tu capacidad de moverte de la manera que te hayas movido. Observa lo que sucede.

¿Cómo puedo justificar la energía que pongo al estar de pie frente a mi humilde altar en la estantería, encendiendo velas y vibrando? Me consuelo con esto: hacer rituales es algo profundamente humano y biológico. El antropólogo Dimitris Xygalatas llegó a esta conclusión en su libro *Ritual: How Seemingly Senseless Acts Make Life Worth Living* («Ritual: cómo los actos aparentemente sin sentido hacen que valga la pena»). En una entrevista con Ari Shapiro de la NPR, afirmó que los rituales «ayudan a las personas a superar sus ansiedades, [las ayudan] a conectarse entre sí. Ayudan a las personas a encontrar el sentido de sus vidas». Nuestros cerebros están programados para facilitar este tipo de actividades de creación de significado. El doctor Andrew Newberg es un pionero en el campo de la neuroteología, que estudia cómo se manifiesta la experiencia espiritual en nuestro cerebro. Sus escáneres cerebrales de personas en medio de una experiencia espiritual, desde pentecostales que hablaban en otras lenguas hasta budistas tibetanos en estado meditativo, iluminan cómo varias regiones de nuestra mente física están listas para retroceder o acelerarse para ayudar a facilitar un encuentro místico. Las oraciones, los cánticos y los mantras (todo ello repeticiones del lenguaje) activan los lóbulos frontales del cerebro y estimulan la hiperconcentración. En el caso de las personas que están en el proceso de canalizar un espíritu, los lóbulos frontales se apagan, y el tálamo, la centralita de comunicación entre el cuerpo y el cerebro, se activa.

De alguna manera, el solo hecho de saber que mis hechizos y oraciones, mis supersticiones y mis meditaciones tienen un efecto rastreable en mi cerebro es suficiente para mí. Puedo sentir que algo sucede y es agradable. Como escribe Xygalatas, me ayuda a encontrar el significado. Puedo escribir una historia sobre cuál es ese significado: llámalo la diosa Hécate o el gran dios Pan, espero que sea el espíritu de mis abuelos que aparece para saludar, o simplemente llámala energía y déjala así. Lo único que importa, para mí, es que soy un ser humano que representa lo que parece ser un aspecto antiguo y crucial de la experiencia humana. La suerte en el mundo de la magia es una forma de energía: una corriente en el Universo, un torrente de estrellas azucaradas que uno puede arrancar con intención, rito y deseos intensos. Por supuesto, también tiene un gemelo más oscuro, la mala suerte, una corriente de influencia cósmica en la que seguramente nunca querríamos chapotear. Del mismo modo que la buena suerte se puede aprovechar mediante un ritual, también un movimiento errático, accidental o incluso desconocido puede derramar involuntariamente algo de esa mala suerte sobre nuestras esperanzas y sueños. De hecho, muchos hechizos de «suerte» podrían clasificarse con mayor veracidad como hechizos para desterrar la mala suerte, ya que no intentan tanto magnetizar las buenas vibraciones como ahuyentar la mala fortuna.

Pensemos en el mal de ojo, ese orbe azul estéticamente agradable que no parpadea y que es omnipresente en gran parte del planeta, desde Asia hasta Sudamérica, Oriente Medio y Europa, en nuestros mensajes de texto y comentarios en las redes sociales, que se lleva en cadenas y cordones como joyas, que cuelga de cordones en hogares, empresas y vehículos, que pende en grupos de árboles como si fueran hermosas hojas de color azul cobalto. Junto con el elegante amuleto de *hamsa*, el talismán con forma de mano de África y Oriente Medio, los ojos malvados ahuyentan la mala energía, en particular las vibraciones de envidia o maldad que otros humanos nos lanzan. Con un origen grecorromano, cuando el color azul se consideraba un talismán de gran poder, capaz de alejar las malas vibraciones, los ojos malvados estaban destinados a ayudar a las personas más prósperas, a las que tenían la suerte de recibir una gran herencia, una cara bonita o un matrimonio envidiable. Se decía que recibir demasiados elogios no sólo se te subía a la cabeza, sino que también podía atraer el odio de las masas y molestar a los dioses y diosas. En el siglo IV a. C., sufrir mal de ojo era al menos tan común como la ansiedad hoy en día, y los síntomas eran muy parecidos: malestar físico, angustia mental, enfrentarte a tu propia ruina. Los médicos, incapaces de determinar la raíz de una enfermedad, la atribuían al mal de ojo. Digamos que la energía es algo real y que circula por nuestro cuerpo. Cuando estamos de buen humor tenemos energía luminosa y brillante. El mal humor provoca tormentas de energía malhumorada y agitada, como un mar embravecido. Sin duda, has sentido que tu energía influye en otras personas, que tu alegría es contagiosa y que tu pesimismo mata el ambiente. Sin duda, te has sentido conmovido por la felicidad de otra persona y deprimido por el mal día de otra.

Esto es simplemente como en *Life 101*. Llévalo un poco más allá, al reino místico (o paranoico), y no es difícil imaginar cómo la mirada amarga y celosa de un amigo-enemigo podría tener un efecto real en tu bienestar, destruyendo una racha ganadora, empañando su sol. En realidad, ¿somos todos tan poderosos? La psicología probablemente diría que es un trabajo interno; la idea de que otra persona albergue sentimientos desagradables hacia ti y aliente tu fracaso podría ponerte nervioso, cohibirte, ponerte a la defensiva o enfadarte. Con estas bajas vibraciones fuera de control, el autosabotaje no sería una sorpresa, tanto si el nuevo miedo que te distrae te hace arruinar las cosas, como si un deseo subconsciente de ser menos amenazante te hace degradarte. Alguien con una naturaleza un poco obsesiva podría obsesionarse con el drama, complaciendo discusiones en su mente, agotando a sus seres queridos con quejas interminables y circulares.

No tengo ninguna duda de que gran parte (¿toda?) de la magia acabará atribuyéndose a la psicología, la neurología y otros espejismos de la ciencia; para mí, esto no disminuye ni desmiente en modo alguno el poder de la magia. Una rosa con cualquier otro nombre olería igual de bien, y todo eso, si funciona, funciona.

¿El uso del amuleto de cristal para el mal de ojo realmente repele las vibraciones desagradables? No puedo responder a eso, pero eso no me impidió recoger un ojo malvado (vidrioso y suave, agradable de sostener en la palma de mi mano) después de que una docena de huevos cayeran sobre mi puerta principal. Fue muy molesto, ya que era casi imposible de quitar. Tomé ese ojo malvado y lo colgué de la cerradura de una ventana de mi oficina, de modo que mirara hacia la calle de abajo. Cuando trabajaba en mi escritorio frente a esa ventana, miraba hacia arriba, vislumbraba el azul relajante atrapado en un rayo de sol y sonreía. Sentí que había instalado un sistema de seguridad psíquico en mi propiedad y nadie me volvió a lanzar huevos a la casa. Después de tenerlo en la ventana durante unos años, finalmente lo quité y comencé a usarlo como collar. La sensación de peso alrededor de mi cuello, la forma en que se asienta tan sólido sobre mi esternón me hace sentir segura. Es una buena sensación.

Por supuesto, no puedo terminar esta reflexión sobre la suerte sin mencionar que poseo una de las mayores maldiciones de mala suerte de toda la historia: un cuerpo femenino. Hay una razón por la que se anima a los hombres judíos a agradecer a su creador por no haber nacido con un útero, una vulva y un par de tetas. Ahora bien, si de hecho eres trans y la presencia de estas cosas te hace sentir menos feliz, lo entiendo. Pero, por lo demás, ¿qué tiene de desafortunada esta forma física? Se remonta a la creencia medieval de que todas las mujeres eran brujas o, al menos, eran uniformemente vulnerables a la influencia corruptora de las artes oscuras. En varias culturas es de mala suerte que una mujer embarazada asista a ceremonias como bodas o funerales; a las personas que se están desprendiendo de su revestimiento uterino se les prohíbe la entrada a saunas, cruzar fuentes de agua o incluso estar cerca de la comunidad en general. Incluso a una mujer que no está sangrando ni gestando vida se le suele prohibir tocar cañas de pescar o unirse a los hombres en expediciones de pesca, ya que su mala suerte inherente arruinará la captura. Existen miles de supersticiones de este tipo en todo el mundo: ¡una señora que pasa de visita el día de Año Nuevo trae mala suerte! ¡Una mujer en un barco trae mala suerte! ¡Encontrarse con una mujer mayor a primera hora de la mañana trae mala suerte! Las culturas cristianas culpan a Eva, pero estos temores aparecen en todas partes. Y el odio y el miedo a las mujeres, cisgénero y trans, siguen alimentando la violencia y la represión en la actualidad. ¿Qué puede hacer una chica?

Todo lo que sé es que el miedo es poder: si mi cuerpo ha sido considerado terriblemente malvado durante siglos, es probable que tenga la misma carga energética que cualquier cristal o talismán. ¡Qué bueno saber que, si me faltan suministros mágicos, mi propio cuerpo es una máquina de maldiciones! De hecho, si quieres echarle un poco de mala suerte a un pervertido malévolo que se encuentre cerca, toma una moneda y frótala un poco en tu vulva (o en la parte superior del muslo si te da vergüenza). Luego, desliza la moneda, de alguna manera, sobre la persona de tu víctima. La moneda ha sido hechizada sin esfuerzo con tu poderosa magia femenina y perseguirá a tu víctima con su implacable mala suerte.

Éste es un hechizo especialmente potente para lanzar sobre alguien culpable de ser abusivo con su pareja. A finales del siglo XIX, Bridget Cleary, una mujer irlandesa, fue asesinada por su marido, obsesionado con la idea de que ella no era ella misma, sino una bruja o hada cambiante que había robado a la verdadera Bridget y ocupado su lugar. Después de sobrevivir a una época de abusos por parte de su marido perturbado, Bridget fue acusada por su prima Johanna de frotarse una moneda en el cuerpo de esa manera y dársela como una maldición. Eso reavivó los delirios de su marido a que la mujer fuera de hecho una hada impostora y, mientras estaba encerrado en una habitación con ella, le prendió fuego, mientras su familia golpeaba la puerta gritando: «¡Es Bridgie!».

En nuestros tiempos modernos, una manera de honrar y vengar a las mujeres que pagaron con sus vidas y sus cuerpos por el miedo y la superstición de los hombres violentos es decir sí a nuestro magnífico y terrible poder: nuestra sensibilidad a lo efímero, la forma en que magnetizamos la energía y atraemos el conocimiento puro hacia nosotras con tentáculos invisibles. Podemos vengarlas siendo las brujas, las hadas cambiantes, que se les acusaba de ser. Rozando monedas contra las partes de nuestro cuerpo que les asombran y luego arrojándolas hacia los verdaderos monstruos; atrayendo la buena suerte para mejorar las vidas de aquellos a quienes amamos y enviando miradas ceñudas de maldad a aquellos que quisieran hacernos daño. Tanto si queremos mejorar nuestra destreza en el bingo como si deseamos intimidar a un abusador, buscar el apoyo de nuestros antepasados o purgar nuestras propias malas vibras, protegernos de la envidia o conseguir algo de dinero, la magia de nuestra forma física puede ayudarnos a invocar la suerte o conjurar un maleficio. Piensa que nuestros cuerpos están hechos de siete billones de billones de billones de átomos (más o menos), todos ellos vibrando con energía. Ésa eres tú. La magia consiste en invocar las corrientes de las que estamos hechas y enviarlas hacia lo desconocido, fértil y afortunado.

A continuación, ofrezco algunas inspiraciones para que puedas estimular tu deseo de conseguir un poco de suerte.

UN PÁJARO PARA JOHANN GEORG HOHMAN

Johann Georg Hohman era impresor, librero y brujo. Hohman, colono europeo de Reading (Pensilvania), trajo consigo tradiciones de magia popular germánica que habían perdurado desde la Edad Media, y no sólo proporcionaba curaciones místicas y otros servicios mágicos, sino que también enseñaba a otros a trabajar con hierbas y amuletos. Esta práctica echó raíces en el país Amish con el nombre de Braucherei. En 1820, Hohman publicó *The Long Lost Friend* («El amigo perdido hace mucho tiempo»), un grimorio que detalla estas prácticas mágicas de los holandeses de Pensilvania. Con remedios para los dolores de muelas, hechizos para alejar a las «personas malvadas o maliciosas» y un ritual para ganar en los juegos de azar que incluía el corazón de un murciélago, el libro de Hohman se remonta a una época en la que las dolencias físicas y los problemas humanos se resolvían con magia. Su influencia en las prácticas mágicas estadounidenses es profunda y legendaria, y la honraremos con este hechizo de suerte de los holandeses de Pensilvania.

Esboza una estrella en un papel: de cuatro, cinco, seis u ocho puntas. En dos o cuatro esquinas del papel, dibuja un pájaro. Coloréalo con colores primarios, enfatizando el verde. Llévalo contigo cuando juegues o intentes ganar dinero de cualquier otra manera. Braucherei (el nombre de la magia popular regional documentada por Hohman) es más conocida por los alegres y geométricos signos hexagonales pintados en graneros y en otros lugares de la zona. La palabra *hex* procede del término alemán *Hexe*, que significa «bruja». En estos ingeniosos signos hexagonales, las estrellas representan la suerte, al igual que los pájaros, y el verde es la abundancia. Algunos signos hexagonales tienen estrellas con unas impresionantes dieciséis puntas. Si tu necesidad de suerte es tan urgente, ¡adelante!

BOLSA DE LA SUERTE

Consigue una bolsita de tela. Llénala con cosas que te den suerte o energía, o que tengan un significado especial: un cristal o una piedra, una flor seca, un pequeño juguete, un cuadro, una joya. Añade algunos objetos que hayan estado impregnados de suerte durante siglos: algunos amuletos de la buena suerte antiguos y comunes incluyen bellotas, dados, mariquitas, un hueso de la suerte, una cuerda de ahorcado, un trozo de bambú, un diente de cocodrilo. Cuando tu bolsita esté llena, siéntate con ella delante de tu altar y háblale mentalmente. Dile que es tu bolsita de la suerte, que la amas y la aprecias y que sabes que te traerá cosas buenas y vibraciones positivas. Lleva contigo tu bolsita de la suerte tan a menudo como puedas, en un bolsillo, en una cartera o en un bolso.

¡Sácala cuando realmente necesites canalizar esa suerte! Esta práctica está inspirada en la superstición estadounidense del bingo, así como en la tradición *hoodoo* afroamericana de las bolsas *gris-gris*, pequeñas bolsas de franela rellenas de piedras, hierbas, aceite, palos, raíces, especias, huesos y artículos personales. Para un hechizo, se pueden crear con cualquier intención.

LAS LÁGRIMAS DE JOB

Si crear una bolsa te parece demasiado complicado pero, sin embargo, deseas protegerte de la mala suerte, simplemente consigue unas lágrimas de Job. También conocidas como cebada perlada china o mijo *adlay*, estas semillas son el grano de una hierba ornamental originaria del sudeste asiático. Como las semillas tienen agujeros de forma natural, se han utilizado durante mucho tiempo como cuentas, en collares, en artesanías y para decorar la ropa (una práctica que comenzó en la India y se extendió por todo el mundo). En el *hoodoo* estadounidense en particular, las semillas son respetadas como poderosos talismanes protectores y que conceden deseos. Puedes encontrarlas en tiendas ocultistas en línea, donde se venden para la magia, o simplemente puedes comprar una bolsa de semillas. Lleva tres de ellas contigo para protegerte de la maldad, aunque siempre me gusta tomarme un momento para vincularme con mis materiales, decirles hola y gracias, etc. Si quieres ir un poco más allá, puedes ensartar un collar con las cuentas y, como son comestibles, también puedes prepararlas como lo harías con el arroz y metabolizar su poder para ahuyentar la mala suerte.

4

¡Divino!

En ese fatídico día de verano de 1984, cuando mi abuela me llevó al autobús urbano que nos condujo por el puente hasta Boston, ¿quién sabía que era un día que determinaría el curso de mi vida? Mientras saltaba del autobús a la Línea Verde, con el metro con mucho calor a causa de los trenes chirriantes, con la mugre antigua pegada a nuestra piel, no lo sabía. Estaba emocionada por ir a Boston, ¡la gran ciudad!, mucho más abierta de mente, culta y llena de sorpresas que mi ciudad natal, Chelsea. Las únicas sorpresas en Chelsea sucedían cuando un chico corría detrás de ti y te golpeaba en la cabeza. Y, en serio, ¿debería sorprenderte? Era de esperar que hubiera mucha violencia. En Boston nadie me agredía, y una vez vi a una mujer con el pelo verde, con una capa, comprando baratijas en Faneuil Hall. ¿Quién sabe qué más vería ese día?

Lo que iba a ver era, de alguna manera, mundano y más exótico que ver a un *punk rocker*. Al bajar del tren en Park Street, pude oler la historia en la electricidad ardiente que recorría los misteriosos túneles. Subimos y salimos al bullicioso Boston Common, el abarrotado distrito comercial anclado por grandes almacenes, que era demasiado elegante para nosotras. Es posible que fuéramos a Filene's Basement, donde mujeres de la edad de mi Nana se peleaban por los contenedores de madera llenos de artículos con grandes descuentos, y, sin duda, iríamos a Woolworth's a comprar un perrito caliente y una Coca-Cola en el mostrador de comidas. Pero en lugar de llevarme por las calles adoquinadas hacia estos lugares familiares, Nana me condujo a una puerta anodina en una calle lateral. El estrecho vestíbulo apenas tenía espacio suficiente para que las dos esperáramos el ascensor. Una vez dentro de la caja de metal, Nana presionó el número cuatro y subimos, subimos, subimos a toda velocidad. Cuando las puertas se abrieron con un ruido metálico, estábamos justo en medio de lo que parecía ser una cafetería bastante monótona. Una señora mayor se acercó a nosotras, mayor que Nana, que sólo tendría unos cincuenta años, aunque sus pantalones de poliéster con cintura elástica, el pelo que se rizaba con horquillas todas las noches, sus cejas pintadas y sus enormes gafas indicaban que pertenecía a una época del pasado. La mujer mayor nos condujo a una mesa sencilla en aquella cafetería excepcionalmente simple. En las mesitas austeras, había gente sentada tomando bebidas calientes, y el aire olía como la cocina de mi casa, el olor oscuro y dulce del té Tetley que mi madre tomaba durante todo el día. Y eso fue lo que pidió mi abuela, una taza de té. «¿Una para la pequeña?», preguntó la camarera mayor, y mi abuela sacudió la cabeza con rapidez, en cierto sentido alarmada, como si algo así fuera inaudito.

—Nana, ¿qué es este lugar? –susurré, aunque no había mucha necesidad de silencio. La estancia, con sus paredes blancas y techos altos, con la luz del sol que entraba a raudales por las ventanas desnudas, era ruidosa, resonaba con el sonido de las cucharas al chocar contra la vajilla, de las tazas al chocar contra los platillos y había un flujo ininteligible pero constante de voces.

—Es un salón de té –explicó mi abuela–. Un salón de té psíquico. Te dicen la suerte. Miré a mi alrededor, atónita. ¿Adivinos en este ambiente anodino? Mesas de juego adornadas con polvorientas flores de plástico en un jarrón desportillado, matronas encorvadas de Nueva Inglaterra atendiendo las mesas… ¿Aquí era donde ocurría la magia? ¿Dónde estaban las mujeres glamurosas con joyas que tintineaban y un exceso de maquillaje? ¿Dónde estaban los tapices de terciopelo, las pinturas en pan de oro de inescrutables símbolos ocultos? Las únicas cosas en la pared, además de una lista de precios de té, eran un viejo calendario con un gatito sonriente y algunos recortes de periódicos rizados. ¡Aquel lugar era demasiado luminoso para que los misterios de lo desconocido se revelaran! Y, sin embargo, mientras a mi abuela le ofrecían su taza de té, pude ver en sus movimientos, en su expresión, una especie de reverencia. Así me comportaba durante las primeras misas católicas del año: abierta, sombría, respetuosa, antes de que me venciera el aburrimiento y mi resolución de permanecer serena y santa se desintegrara en un molesto fastidio.

Nana me mostró el líquido caliente que humeaba en su porcelana acanalada. A diferencia de las bolsas empapadas a las que estaba acostumbrada, esa taza de té estaba llena de hojas gruesas y brillantes, un verdadero pantano en una taza. Mi abuela bebió con delicadeza, y sólo de vez en cuando se le pegaba una hoja en el lápiz labial. El lápiz labial de mi abuela, rosado y brillante, rodeaba la taza de té como rodeaba los filtros de los cigarrillos que fumaba, como me manchaba la mejilla cuando me salpicaba de besos. Como yo, era Acuario. Llevaba pañuelos de gasa atados alrededor del pelo, que yo sacaba de su tocador para anudármelos alrededor del cuello como una bailarina de discoteca, o colocarlos sobre mi cabeza para que cubrieran mi rostro como una princesa secreta. Su joyero era de madera, los cajones estaban forrados de terciopelo y dentro había collares de oro con broches demasiado complicados para funcionar; y estos también acababan sobre mi cabeza como coronas ceñidas. Mi hermana pequeña, con la ingenuidad inmortal de los niños, había pedido el anillo de compromiso de Nana cuando ella murió, pero yo codiciaba un conjunto de piedras pulidas de color pastel que se podían levantar para mostrar un pequeño reloj debajo. Ésa era mi Nana, una abuela normal de Nueva Inglaterra que trabajaba en la caja registradora de una tienda local, que le daba mucha importancia a su vida de ensueño y llevaba a su nieta a un salón de té psíquico oculto en lo alto de las tiendas de Boston.

Ese día, Nana recibió a la vidente más importante del lugar, una mujer grande y aparentemente anciana con grandes rizos grises en el pelo y una rareza palpable. Una mirada a las paredes reveló que los frágiles recortes de periódicos eran todos sobre ella: su trabajo con la policía en casos de personas desaparecidas, perfiles de personalidad… Ella era la celebridad interna del salón de té. Se unió a nosotros en nuestra mesa y le indicó a mi abuela que removiera las hojas sucias tres veces, en el sentido de las agujas del reloj, y luego volcara la taza boca abajo sobre el platillo. Mi Nana lo hizo con reverencia. «Pon tu mano derecha sobre la taza y pide un deseo», le dijo. La mano de Nana se posó brevemente sobre la porcelana, su grueso anillo de amatista brillaba. La vidente dio la vuelta la taza y miró los racimos de hojas húmedas, buscando formas y símbolos que dieran pistas de lo que estaba por venir. Vio letras: C, que eran su esposo y su hijo; T, su hija. La psíquica vio un avión en el mosaico y le dijo a mi abuela que volaría en un avión, pero Nana nunca lo hizo.

«Es sólo por diversión», dijo mi abuela en un tono susurrante y nervioso mientras bajábamos en el ascensor. Pronto estábamos de nuevo en las calles calurosas y normales del Boston de verano, rumbo a la familiaridad de Woolworth's, el bullicio relajado de los compradores que suben por la escalera mecánica, el simple burbujeo de un refresco. «No le digas a nadie que hemos hecho eso –me instó–. La Iglesia no cree en eso». Mi abuela manejaba la fricción entre su bruja interior y su educación cristiana complaciendo su interés natural de Acuario en todo lo psíquico, seguido de una rápida negación de cualquier creencia o seriedad. Fue sólo una pizca de diversión traviesa. Seguro que no iremos al infierno por ello, pero no dejemos que la gente del pueblo lo sepa, no sea que nos cuelguen por brujería.

Por supuesto, les conté a todos (a mi madre, a mi hermana, a los niños de la escuela) mi visita al salón de té. Los chicos se burlaron, pero las chicas estaban intrigadas, y el simple hecho de compartir mi visita sacó a la luz todo tipo de historias: tías que habían visto fantasmas, programas de televisión sobre la reencarnación... Los chicos pusieron los ojos en blanco, pero se quedaron cerca y escucharon. El comienzo de un patrón que presenciaría una y otra vez, la voluntad de las mujeres a permitir la posibilidad de la magia, y el anhelo de esa libertad, todo reprimido en los pechos de los niños y los hombres cisgénero, de todos modos, como si ellos también quisieran creer, pero alinearse con algo tan fascinantemente femenino, lo desconocido, fuera demasiado.

Entonces, ¿cómo cambió mi vida el viaje al salón de té? Bueno, aunque esa psíquica en particular no parecía estar en la cima de su carrera ese día, aprendí que las lecturas psíquicas eran un servicio por el que se podía pagar, una habilidad que se podía adquirir, un trabajo que se podía llevar a cabo. Pronto comencé a escabullirme en Boston y a visitar el salón de té con amigas, saboreando su asombro ante un lugar así, una confusa combinación de lúgubre y glamuroso. Obsesionada con la identidad del chico extremadamente gótico (pantalones de cuero, pelo de araña) que trabajaba en el viejo ascensor de la tienda de discos de la esquina, deseé en mi taza de té volcada poder saber su nombre. «Tu deseo se hará realidad muy pronto», me dijo la psíquica. En menos de una hora, hojeando la papelera de bandas locales, lo vi en la portada de un álbum de una banda llamada The Blackjacks, con aspecto rudo, sosteniendo su guitarra en un callejón sin salida. El nombre en la parte de atrás decía Rafael. ¡Rafael! ¡Como el arcángel!

A principios de mi primer año, me subí al autobús después de la escuela y fui a explorar Boston con mi ridículo uniforme a cuadros de la escuela católica. Cuando el autobús se acercó a la biblioteca pública, miré, asombrada, a los grupos de muchachos que pasaban el rato en los amplios escalones de cemento. Adolescentes raros como en la que yo estaba a punto de convertirme, con mi cabello cardado y mi lápiz labial negro. Chicos góticos, chicas punks, algunos con aspecto de artistas excéntricos, otros con monopatines lanzándose por las escaleras, asustando a los pasajeros que se dirigían al metro. Me hice amiga de todos ellos, en particular de un chico de pelo puntiagudo llamado Peter que usaba lentes de contacto azules y una cadena con candado alrededor del cuello. Era duro pero suave, una nueva forma de ser para un chico, y una vibración que seguía detectando en estos nuevos amigos, chicos con gabardinas de tiendas de segunda mano y delineador de ojos corrido alrededor de sus pestañas. Pasaría un tiempo hasta que saliera con ellos, pero aquellos chicos seguros y espeluznantes se convirtieron en mis amigos más cercanos. Sobre todo Peter.

Juntos descubrimos el tarot, primero la baraja Rider-Waite y, después, la baraja Thoth. Estaba claro que estas cartas tenían magia y extraían de nosotros nuestra propia magia inherente. Dormíamos con ellas debajo de nuestras almohadas y las envolvíamos en pañuelos de seda de segunda mano. ¿Cómo nos enteramos de esta tradición del mantenimiento del tarot en la era anterior a Internet? Debió de ser por las horas que pasábamos en librerías ocultistas, estudiando, leyendo y sin comprar casi nada (aunque finalmente adquirí los volúmenes uno y dos de *The Modern Witch's Spellbook*). Desde el momento en que tuve mi primera baraja, el tarot se convirtió en una parte constante y diaria de mi vida. A medida que mi identidad y mi vida cambiaban, también lo hacía mi tarot. Lo más cerca que estuve de ser *hippy* fue cuando perseguí a una novia hasta el desierto de Arizona y me alineé con su filosofía vegana, antiplástica y de vivir de la tierra. Un compañero de viaje que leía cartas en las calles del centro de Tucson me presentó la Secret Dakini Oracle, una baraja de *collage,* a la vez hermosa y pesadillesca, que se basaba en el misticismo tibetano y revelaba los límites cristianos de la Rider-Waite.

El tarot tradicional, con sus estrictas declaraciones de significado, parecía casi racional al lado del misticismo abierto de la Oracle, una baraja con la que me gusta trabajar en lunas nuevas y llenas.

A medida que mi feminismo lésbico se iba radicalizando de maneras que me dolían y me curaban a la vez, encontré la baraja de tarot Daughters of the Moon en mi librería local para mujeres. Las cartas, con brillantes orbes morados marcados con una luna creciente, eran multiculturales y todas ellas femeninas; en su afán de inclusión, incluso crearon una carta masculina opcional, para aquellas mujeres heterosexuales que aún no habían evolucionado hacia el lesbianismo. Titulado «Pan», ese hombre inofensivo, que saltaba por una ladera con algunos niños, le hacía tal flaco favor al dios cabra lujurioso, borracho y de gran pene de antaño que simplemente no podía soportarlo. Aunque en ese momento estaba coqueteando con los extremos del lesbianismo político, todavía tenía debilidad por Pan. Sin embargo, me encantó la carta descaradamente gay de los Amantes, en la que una pareja birracial desnuda se abraza frente a una vulva enorme y radiante, y la elegí en lugar de la tarjeta alternativa de los Amantes, que mostraba a una pareja birracial de género indeterminado nadando uno hacia el otro en un arrecife de coral, con plantas marinas que ocultaban de manera conveniente sus genitales.

No me propuse ser tarotista profesional, pero cuando llegué a casa de Peter en San Francisco un año más tarde, con el corazón roto y flacucha por el veganismo, descubrí que era la única habilidad que realmente poseía. Mis años de formación profesional en «artes gráficas» en el instituto no sirvieron para nada; aunque hubiera prestado atención, la maquinaria ya estaba obsoleta, todo se había vuelto informático. Escribir no era algo con lo que pudiera ganar dinero y, además, ¡probablemente fuera un desastre! Pero la lectura del tarot… Recordé al chico *hippy* que leía las cartas a cambio de dinero en Tucson. Conocía mis barajas al menos tan bien como él las suyas. Y así, siguiendo los pasos de la mujer que leía las hojas de té a mi abuela hacía lo que me parecía una vida, me convertí en adivina profesional.

Desde entonces, he leído las cartas en la calle para conseguir monedas, cigarrillos y consejos sobre cómo conseguir cupones de alimentos. He leído en tiendas y en mi casa. Durante la pandemia, mis lecturas se volvieron virtuales y en gran parte han permanecido ahí, y aprendí que la energía que hace que el tarot funcione no es exactamente física (las manos del consultante no necesitan tocar las cartas), sino algo más, algo más misterioso, etéreo y poderoso. Leo el tarot en directo en las redes sociales, o en eventos benéficos, en actuaciones, en bares. No hay ningún lugar al que el tarot no pueda llegar, porque la gente siempre está ávida de conocimiento. A lo largo de estos tiempos y lugares, he aprendido que esto es lo que el tarot ofrece mejor, al menos en mis manos: conocimiento. Sí, las cartas pueden ofrecer un vistazo al futuro, lo que me hace pensar que esas lecturas proféticas son en realidad una forma más profunda del conocimiento que obtenemos al reflexionar sobre nuestras vidas. Por ejemplo, si nos esforzáramos un poco más, relajáramos nuestra mente o aguzáramos nuestra intuición, todos podríamos ver nuestro futuro, o, como mínimo, un bosquejo de él.

Las cartas del tarot y otras formas de adivinación activan la intuición mediante el uso de imágenes y la fortalecen, de modo que se puede acceder a ella incluso sin las cartas. No es que ése sea mi objetivo: me encanta el tarot, y trabajar con objetos materiales es muy beneficioso para la energía psíquica. Valoro mucho la cualidad de material del tarot y también me encanta su arte, a menudo lúdico. Después de leer durante tanto tiempo, he llegado a venerar realmente el tarot: es muy antiguo, pero se puede reinterpretar en una infinidad de mundos contemporáneos. ¡Y funciona! Aunque llevo leyendo cartas más de treinta años, con frecuencia me encuentro diciendo efusivamente a mis clientes: «¡Dios mío! ¡El tarot es real!». Me sorprendo tanto, una y otra vez, por la asombrosa precisión de la tecnología antigua…

Aunque apoyarme en mis habilidades con el tarot fue una forma crucial de empezar a mantenerme económicamente en San Francisco, también me proporcionó un recurso quizá mayor: la comunidad. La escena *queer* centrada en las lesbianas que encontré en el Mission District de la ciudad es ahora legendaria, y por una buena razón. Las lesbianas y las mujeres *queer* parecían gobernar la ciudad, dirigían los mejores clubes de baile, lideraban las bandas *punk* más salvajes, administraban los lugares de reunión más populares y llenaban las calles de arrogancia. Quería ser la mejor amiga y novia de todas las que veía. Era muy abrumador. No soy tímida, *per se*, pero ¿cómo abordar a una desconocida con peinado *mohawk*, piercings faciales brillantes y un gran número de tatuajes en los brazos en un bar en el que suena Hole y Bikini Kill a todo volumen? ¡Bueno, te acercas a ellas con tu baraja de tarot lésbico y les preguntas si quieren elegir una carta! Te prometo que siempre lo hacen. Aunque pueda parecer un truco de magia, en realidad es una manera de volverse bastante real muy rápido: si alguien elige una carta triunfal, te enteras de todo sobre su última gran victoria y te unes a la felicidad compartida del momento. Si la carta es una decepción, te muestras con compasión y simpatía. La realidad de una situación dolorosa que aparece en el tarot también les da a los problemas un aire un tanto cósmico. ¿Tal vez si este espectáculo deplorable está predestinado se puede extraer un significado de él? El tarot eleva todas nuestras vidas al brindar un glamur metafísico, y refleja nuestros movimientos en imágenes arquetípicas. Hice muchas amigas de esta manera y me volví medianamente conocida por ser hábil con una baraja de cartas.

Y no sólo las cartas del tarot. No hace falta jugar mucho con el oráculo para reconocer su similitud con las cartas de juego. Si se trazan los números del uno al diez, se combinan los cuatro palos con los cuadrantes elementales de los arcanos menores, se puede hablar de las capas de la vida de alguien con la vieja baraja de cartas Bicycle amontonada en el cajón de los trastos, lo que a menudo me encontraba haciendo en las fiestas cuando me solicitaban mis servicios pero no había traído mi baraja. ¡Una noche infame incluso le volé la cabeza a un buscador con una adivinación acertada con una baraja de cartas del Uno! Los mismos números del uno al diez combinados con los colores asignados, de nuevo, los palos elementales, ¡y *voilá*! Un cuatro azul se convierte en cuatro de Copas, y estás sumida en un anhelo insaciable. Un verde amarillo y hay trabajo por hacer. ¿Y esas cartas de «robar cuatro» y de reversión? Las imaginé como reveses y cambios de fortuna, respectivamente. Fue un proyecto tan divertido que, por un momento, quise trasladar mi enfoque adivinatorio al juego. También me ayudó a darme cuenta de que cualquier cosa, todo, puede ser una herramienta adivinatoria. Sólo hay que asignar un significado a las partes e introducir la aleatoriedad.

Como la adivinación se había convertido en mi bálsamo para la ansiedad social, recurrí a ella cuando me encontré en una fiesta de cumpleaños de mi escritora favorita, una poeta a la que adoraba y con la que estaba obsesionada. Digo que me encontré, pero en realidad me enteré de que una conocida había conseguido de manera casual una invitación a la reunión de la escritora foránea, y de inmediato me pegué a su lado, decidida a no perdérmela. Aunque a nadie le importó que me hubiera colado en la fiesta, me sentí muy incómoda. Los asistentes eran todos de generaciones mayores a la mía, se conocían desde siempre. Intercambiaban chismes sobre personas que yo nunca conocería y compartían mensajes de etapas de la vida que no podía imaginarme alcanzar. ¿Propiedad de una vivienda? ¿Criar hijos? ¡Qué extraño! Me senté en silencio, sin nada que ofrecer, y traté de no mirar boquiabierta a la poeta. ¡Eso no podía funcionar! Espié contenedores de juguetes infantiles por el lugar, figuritas en particular, y comencé a hacer algunas rondas, reuniéndolos en un tazón de patatas fritas vacío. Y luego me acerqué a los asistentes y les pregunté si querían una «adivinación con juguetes». Por supuesto que sí. No puedo enfatizarlo lo suficiente: nadie dice que no a una adivinación. Cerraron los ojos, como les instruí, metieron la mano en el grasiento bol de aperitivos y sacaron un personaje de *Barrio Sésamo*, una figurita de McDonald's, un pequeño superhéroe... En su mayoría, reconocí a estos personajes, pero en el caso de los que no pude, sus disfraces ofrecían mucha información. ¿Eran glamurosos o payasos? ¿Parecían malvados o salvajes? Hice zoom sobre cada figura, «leí» su ambiente para el invitado y traté de que dijera algo sobre su propia presencia o personalidad. Fue un gran éxito. Incluso los que murmuraron un escéptico «No sé...» parecían un poco divertidos con el juego.

En los próximos años, celebraré el primer cumpleaños del bebé de una amiga y seré testigo de un *doljabi*, una costumbre coreana en la que se le presenta al bebé una bandeja llena de objetos significativos y todos esperan con gran expectación a ver qué objeto escoge. La creencia es que la selección predice la futura ocupación del niño, y por eso los objetos (un martillo de juguete, un avión, una cuerda, un lápiz, una calculadora, un mazo de juez, un teléfono móvil, un arco, una mezcla de objetos tradicionales y modernos) sugieren diversas profesiones. El niño eligió el avión y todos aplaudieron. ¿Sería piloto? ¿Una especie de viajero? La similitud de esta práctica del siglo XVIII con mi pequeño truco de fiesta me produjo una dulce sensación. Esta necesidad de saber, la creencia de que podemos imbuir de significado a las cosas que nos rodean (o, tal vez, descubrir su esencia) y utilizarlas para saber más sobre nuestras propias vidas parece ser algo profundo y hermosamente humano.

Hace poco, en Nueva Orleans, visité a una psíquica de Jackson Square que ofrecía lecturas de huesos. Esta mujer era practicante del *hoodoo*, conocedora de la tradición mística que se originó con los africanos esclavizados que adaptaron su panteón indígena y sus modos de adoración al mundo brutal en el que habían sido secuestrados. Como todas las artes negras, el *hoodoo* se ha arraigado muchísimo en la cultura estadounidense; si bien la práctica parece más abierta (accesible para todos) que cerrada, es imperativo que cualquiera que se involucre con las tradiciones del *hoodoo* dé absolutamente toda la gloria y el respeto a los individuos, culturas y legados negros que dieron forma a estas prácticas ricas y accesibles. Gente blanca, proceded con humildad en este caso. Una manera de avanzar es pagar a un practicante negro de *hoodoo* por sus servicios.

La adivinación con huesos no es de origen exclusivamente africano o afroamericano. Los indígenas estadounidenses practicaban la lectura de huesos, u osteomancia, si quieres darte aires. Antiguos yacimientos arqueológicos en el centro de China han revelado el uso de huesos sagrados. La práctica de mi lectora casi seguramente se originó en África. Algunas tradiciones de lanzamiento de huesos incluyen otros objetos pequeños como dados, dominós, conchas o pequeñas baratijas, y esta hechicera guardaba algunas conchas cauri (veneradas por su relación con lo femenino y el agua) en su manojo de huesos. Las recogió con sus largas y cuidadas manos y me pidió que colocara mis propias manos encima. Después de un momento, dejó caer los huesos sobre la mesa.

Existen diferentes tradiciones para hacer el molde de los huesos; los círculos marcados con tiza o impresos sobre telas especiales pueden designar áreas a las que se les atribuye su propio significado. Algunas personas leen los huesos de izquierda a derecha, como si fueran un cuento. Esta practicante miró el montón de calcio y comenzó a hablar. Me dijo que necesitaba suplementos, muchos suplementos. De hecho, nombró cuáles serían los mejores, pero era difícil escucharla por encima de la banda de música que había comenzado a tocar cerca. Me avergüenza decir que no seguí su consejo (¿para qué hacer adivinación si no vas a escuchar?) y casi un año después, exactamente el mismo día, un médico me diagnosticó una deficiencia de vitamina B12, vitamina D, selenio y una gran cantidad de otros minerales cruciales para el funcionamiento de la tiroides. ¡Maldita sea!

La vidente también señaló con un clavo largo un hueso bastante rechoncho y de aspecto fálico y dijo: «Necesitas más pene». Me eché a reír y miré para ver si mi marido lo había oído por encima del estruendo de las bocinas; no lo había hecho. En realidad tenemos una vida sexual bastante feroz pero, para ser sincera, nunca estoy satisfecha, y en ese viaje en particular promocionaba un nuevo libro, recorría todo el sur y con frecuencia estábamos demasiado agotados al final del día para hacerlo. Vaya. Al igual que la propia vidente, mi marido es trans, y me pregunté si lo que estaba viendo en la lectura era una ausencia de pene cisgénero en mi vida. Como creíamos en sus poderes, trabajamos para traducir su proclamación a mi vida. Terminó encogiendo los hombros. «Supongo que vas a tener que darme aún más pene», sonreí.

LA BOLSA DEL TESORO DE YOKO ONO

¿Por qué Yoko Ono? Como canta la deidad de la Tierra en «Yes, I'm a Witch» («Sí, soy una bruja, soy una perra / No me importa lo que digas / Mi voz es real, mi voz es verdad / No encajo en tus formas»), «nosotras, las mujeres, somos todas brujas». Ésas fueron sus palabras en una entrevista con *Vanity Fair*. «Las brujas son personas mágicas». Ella ha expresado esta idea una y otra vez, y ha reivindicado la palabra «bruja» de una manera tan fácil y verdadera, e inspirado a muchas de nosotras, que nos sentimos brujas pero que permitimos que el síndrome del impostor nos impida llevar ese orgulloso manto. Una vez, cuando viajaba con John

Lennon, visitó Salem, en Massachusetts, para presentar sus respetos a las mujeres y a las brujas. Los propios trabajos mágicos de Yoko Ono son evidentes en todo su arte: su canto tiene el poder *zawołanie* de los cánticos y las órdenes místicas; su escritura y su arte, centrado en el texto, a menudo toman la forma de órdenes místicas imposibles, instrucciones para lanzar hechizos en el tiempo de los sueños. Seguramente, la totalidad de su producción artística podría recopilarse y utilizarse como materia prima para una baraja de adivinación, cartas con instrucciones, meditaciones, citas y bocetos sobre los que el consultante medita. ¡Pero ése es un proyecto para otra bruja, o al menos para otro día! En honor a la alegría y la fantasía que acompañan su trabajo, en cambio, te ofrezco la Bolsa del Tesoro de Yoko Ono, una técnica de adivinación. Este proyecto de adivinación puede ser continuo. Es una mezcla de conjurar el lanzamiento de huesos, que incluye elementos no esqueléticos, y la adivinación con juguetes que me salvó de la ansiedad social en esa fiesta hace tanto tiempo. Coge un bolso; no tiene que ser estrictamente un bolso de mano, pero si tu casa es como la mía, simplemente estará repleta de bolsos de mano de marca. ¡Utiliza uno!

A continuación, debes llenar el bolso de objetos pequeños y significativos. ¿Qué hace que un objeto tenga significado? Bueno, se trata de una tarea muy personal. Si puedes ver un significado, un símbolo, en el objeto, entonces funciona. Una idea: dados, que pueden significar un cambio de fortuna o asumir un riesgo; están marcados con números, que pueden tener sus propios significados. Además, las llaves son pequeñas y están cargadas de simbolismo histórico. Un pendiente puede simbolizar la feminidad, o su forma puede significar algo completamente distinto. Obviamente, los cristales tienen poderes prescritos, y puedes incluir conchas, huesos (por supuesto) y pequeñas figuras de plástico: coches, animales, personajes míticos. Las tiendas de segunda mano son lugares estupendos para encontrar este tipo de cosas, al igual que las tiendas de ciencias naturales y el tipo de tiendas extravagantes y divertidas que ofrecen pequeños contenedores de muñecos de plástico y esos monstruos que se colocan sobre un lápiz. En resumen, vale absolutamente todo, siempre que los objetos tengan un tamaño similar.

Cuando tu colección es más pequeña, puedes sacudir la bolsa y tirar los objetos, decidiendo en la forma en que caen cómo acumulan significado. A medida que tu colección crece, y realmente en cualquier momento, puedes darle una vuelta al bolso y seleccionar a ciegas un solo objeto, leyendo el significado de lo que elegiste al azar. Este modo de adivinación es muy especial, porque incluso si nos llegara una locura de bolsas de oráculo y todos construyeran una bolsa de objetos sagrados, cada una sería diferente, y así tendrías para ti una herramienta de adivinación verdaderamente única y de tu propia creación. Y te dejo con este fragmento de Yoko: «Todos son artistas. Todos son Dios. Es sólo que están inhibidos».

LANZAMIENTO DE UNA MONEDA

Permíteme elevar la más mundana de las actividades a una de alta magia. Te presento al humilde céntimo. Personalmente, no utilizaría ninguna otra moneda en un lanzamiento de moneda para tomar decisiones; los céntimos (estadounidenses) tienen el tamaño perfecto y el peso ideal; además, admiro su brillo cobrizo. En el alféizar de la ventana ante la que estoy escribiendo hay un pequeño cuenco decorativo lleno de céntimos; las pilas de monedas que lo rodean son centavos lanzados al aire, opciones seleccionadas. Tengo un pequeño plato en la cómoda de mi dormitorio también lleno de monedas. ¡Soy una lanzadora de céntimos dedicada, y creo que tú también deberías serlo!

Por supuesto, si sabes lo que quieres y estás segura de lo que tienes que hacer, ¡un centavo no es para ti! Lo admito, ¡yo también soy a veces muy decidida! Pero échale la culpa a mi sol y a Mercurio en la séptima casa de la ambivalencia, ya que la mayoría de las veces me cuesta tomar una decisión. Puedo ver lo bueno y lo malo en todo. O tal vez sepa lo que quiero, pero es lo mismo que siempre quiero, y me pregunto si necesito cambiar las cosas. La aleatoriedad del lanzamiento de un céntimo está relacionada con la aleatoriedad del universo, la aleatoriedad que domina nuestra vida cotidiana. Por supuesto, la teoría del caos sugiere que incluso en los fenómenos más enredados y en apariencia aleatorios hay un orden subyacente. Es una teoría no probada, pero parece correcta, ¿no es cierto? Al introducir el lanzamiento caótico de un céntimo, pretendo alinearme con una estructura superior, más misteriosa e inasible. Lo cierto es que se trata de mucha presión sobre la decisión de dónde cenar, ¡pero soy un ser espiritual que tiene una experiencia humana!

Una ventaja adicional de dejar que la moneda decida por ti es que a veces ilumina sentimientos que no sabías que tenías. Yo tiendo a lanzar monedas porque en realidad no me importan las opciones, aunque necesito tomar una decisión. Muchas veces, el lanzamiento de la moneda me dice que sí me importa. Siento que se me encoge el estómago cuando sale cara; en cambio, la cruz me proporciona una sensación de alegría. De esta manera, el lanzamiento de una moneda es beneficioso para todos: si realmente no sé o no me importa, puede ayudarme a llegar a una solución; si sé o me importa, me sacude y me lleva a una conexión más profunda conmigo misma. El único inconveniente es sentirme como una loca rara y obsesiva que lanza monedas todo el tiempo, pero dejé de parecer «normal» hace décadas y te insto a que hagas lo mismo.

EL JOKER SALVAJE

Utilizar una baraja de cartas como oráculo adivinatorio es ridículamente simple. Las atribuciones numéricas siguen las del árbol de la vida de la cábala (influyente tanto en las barajas Rider-Waite como en la Thoth) y los palos corresponden a elementos paganos básicos.

Así:

Diamantes = Tierra, el reino de lo físico, del dinero, de los cuerpos, del trabajo, del hogar, de la salud.

Espadas = Aire, el reino del pensamiento, de la actividad mental, de la comunicación, del conflicto, de la meditación.

Tréboles = Bastos, el reino de la pasión, de la creatividad, de la acción, de los buenos tiempos, de la guerra, de la externalización.

Corazones = Copas, el reino de las emociones, del sentimiento, de las lágrimas felices y tristes, de los estados de ánimo, de la interiorización.

Y, también:

1 = El origen, un nuevo comienzo, un nuevo inicio, primavera, pasar página, un nuevo tú.

2 = Pasar de la idea a la acción, simplemente hacerlo, dar el paso, atreverse a actuar, arriesgarse.

3 = Respuestas y reacciones iniciales, éxito o desazón tempranos para comprobar si puedes confiar en ti mismo.

4 = Estabilidad, ganar terreno, un plan tiene viabilidad, descanso, movimientos conservadores, tomarse un tiempo de descanso.

5 = Desafío, miedo, preocupación, decepción, conflicto, frustración, derrota, aniquilación, fracaso.

6 = Belleza, éxito, victoria, un gran triunfo, la luz del sol brillando sobre ti, todo se une.

7 = Emotividad, falta de control, pensar demasiado, malas habilidades de enfrentamiento, lágrimas, algo que no funciona.

8 = Matemáticas y racionalidad, tomar decisiones dolorosas, pensar demasiado / exagerar, construir sistemas.

9 = La luna, lo desconocido, la gracia, el miedo, dejarse llevar, flotar, la profundidad emocional, la confianza, las pesadillas.

10 = Cumplimiento, final del camino, triunfo, recompensas, estancamiento, qué sigue, celebración.

Como puedes ver, con esta pequeña lista, la lectura de las cartas resulta bastante sencilla. Un cinco de diamantes corresponde básicamente a un cinco de oros o de pentáculos, lo que significa que alguien está sufriendo un trastorno en su mundo material: escasez de dinero o miedo a la pobreza, al desempleo, a un trabajo o una vivienda inestables. El dos de picas transmite la misma sensación que el dos de espadas: sopesar las opciones, posiblemente hasta el punto de quedar paralizado por pensar demasiado. (Parece que ha llegado el momento de lanzar una moneda al aire).

Si, como yo, tienes en casa una estantería repleta de juegos, comprueba si alguno de ellos contiene cartas que puedas reutilizar como herramientas de adivinación. El juego de cartas mexicano Lotería parece una baraja de oráculo disfrazada: las brillantes imágenes que ilustran el Corazón, la Sandía y el Alacrán parecen advertir que el dulce y jugoso amor que estás cortejando es una mala noticia. Mi hijo tiene un juego de cartas de emparejamiento de animales que cumple una doble función como baraja de oráculo al leer las asociaciones culturales con cada criatura: un rinoceronte significa dureza y determinación; una tortuga, lentitud y autoprotección; una cigüeña representa un regalo o algo nuevo en el horizonte; una araña sugiere un artista incomprendido. Alguien más podría atribuir miedo y veneno a una carta con una araña, pero puedes decir qué significan las cartas que estás usando.

Una bolsa de juguetes, un cuenco lleno de monedas, un montón de naipes. Todo esto parece sugerir que el negocio de la adivinación es bastante similar al juego, y en mi experiencia lo es, ¡y no sólo porque la mayoría de las principales barajas de tarot del mercado las fabrican las empresas de juegos! El tarot comenzó, según cuenta la leyenda, como el juego del Tarochi; tal vez alguien reconoció lo extraño al barajar las cartas, o es posible que el juego fuera una cubierta protectora para pasatiempos perseguidos como la adivinación. Nunca estaremos seguros. Pensar en nuestras vidas como en un juego de Serpentinas y Escaleras, o Torres y Estrellas, puede ayudarnos a dar un paso atrás y ver el panorama general de nuestras vidas, a poner una lente mitológica sobre nuestras pruebas y ayudarnos a conectarnos con una ascendencia de humanos que han sufrido y triunfado de manera similar y han usado herramientas adivinatorias para ayudarlos a conocerse un poco mejor a sí mismos.

5

Brujería en la cocina y activismo místico del aperitivo

Tras haberme alimentado de manera regular a base de Hamburger Helper, Kraft Mac & Cheese, latas de Chef Boyardee y otros alimentos envasados, no puedo decir que tuviera la menor idea sobre la magia potencial de la comida. Sin embargo, durante las vacaciones, se ignoraban los envases y las latas y se compraban alimentos de verdad. Pavos enormes que tenían que cocinarse de una manera ritual durante la noche. La decorativa canasta de vidrio rojo llena de frutas como una cornucopia, mandarinas, uvas y manzanas cayendo de ella como en un bodegón. Tubérculos pelados, hervidos y asados. Incluso los aperitivos adquirían una forma nueva e intrigante: tallos de apio con los huecos repletos de crema de queso y salpicados de pasas. Un poco asqueroso, la verdad, pero la novedad hizo que probara un tallo o dos.

Incluso cuando volví a tomarme la magia más en serio, a los veinte años, era demasiado salvaje para considerar que la comida podría ser una herramienta para mi práctica. Una alcohólica salvaje que vivía para la vida nocturna *queer* de San Francisco en la década de 1990, dormía hasta altas horas de la mañana y luego me acercaba a la tienda de *bagels* para comprar un panecillo con sal y lo acompañaba con un zumo de naranja. ¡Mi resaca se disipaba como por arte de magia! Y tal vez fuera así. Esos deliciosos trozos de sal me ayudaban a rehidratarme, y reponía lo que mi cuerpo había perdido por culpa de la química la noche anterior. El magnesio y las vitaminas que había arrojado al viento cuando estaba en estado de ebriedad inundaban mi cuerpo mientras bebía el zumo fresco. Es como beber el sol, pensaba siempre, mientras el sabor despertaba mis papilas gustativas. Y como decían los viejos alquimistas, «como es arriba, es abajo». Mientras mi desayuno se ocupaba de sanar mi cuerpo, mi espíritu también se animaba. Cualquier bruja básica sabe que la sal es un agente purificador de primera. Durante mucho tiempo, yo había elaborado botellas rociadoras de agua salada y regado con mangueras las esquinas de la habitación de mi casa punk con la esperanza de derretir cualquier espíritu asqueroso que se acumulara en ellas (una amiga psíquica me había dicho una vez que había visto murciélagos de mala energía revoloteando en mi techo, y me preocupaba que las entidades metafísicas se enredaran en mi cabello metafórico). Tal vez los cristales ayudaban a eliminar cualquier vibración maléfica que hubiera atraído mientras estaba en otra juerga e ingería sustancias tóxicas que desgastaban mi aura tanto como mi sistema inmunológico. En cuanto al zumo, las naranjas son apreciadas en los hechizos por su obvia conexión con la alegría y el buen humor; algunos creen que están relacionadas con el espíritu nutritivo y femenino de nuestro propio planeta, y otros afirman que transmiten las vibraciones de los seres celestiales conocidos como ángeles. También son muy potentes en la magia del amor, y quizá por eso seguía teniendo sexo a los veintitantos, incluso cuando mis adicciones me convertían en una pareja cada vez menos atractiva.

Dejar de beber me ayudó a despertar mi interés latente por preparar comida. Como la mayoría de las personas confundidas que acaban de dejar de beber, pensé que decir no al alcohol y a lo que esnifaba sería algo sencillo para desintoxicarme de mis antojos y seguir adelante. Pero en realidad fue un ajuste de cuentas a gran escala con la adultez. Todas esas habilidades básicas de vida que aprenden los *normies* al salir de la adolescencia y pasar por la veintena se me escaparon por completo. No había pagado impuestos, no me había lavado los dientes, no había aprendido a manejar conflictos ni había abordado ninguno de mis numerosos problemas en años, si es que alguna vez lo había hecho. Las personas entran en programas de recuperación no sólo para recibir apoyo cuando emborracharse de repente parece una buena idea; lo hacen para encontrar personas que les den la mano mientras hacen el balance de sus cuentas y limpian un frigorífico por primera vez, personas que te asegurarán que no eres una completa perdedora por seguir una dieta a base de maíz enlatado, Sun Chips y burritos durante la última década.

Es bueno tener estos proyectos importantes de desarrollo de habilidades para la vida en los que concentrarse cuando vuelves a estar sobria, porque descubres que ahora tienes mucho tiempo libre. Y también dinero. Todas esas horas que pasaste planeando la fiesta, convirtiéndote en la fiesta y recuperándote de ella ahora son gratuitas. Y, como la mayoría de tus amigos todavía están en el ciclo de las fiestas, es probable que tampoco tengas mucha gente con quien llenar tu tiempo. Observarás (yo lo hice) con una especie de asombro cómo el saldo bancario que alimentaba una ansiedad crónica de bajo grado logra equilibrarse, puesto que ya no estás sacando dinero en efectivo de cajeros automáticos sospechosos y entregándoselo a extraños en las esquinas de las calles y en los baños de los bares. Finalmente, cuando vuelves a estar sobria, tienes un hambre del demonio. Tu cuerpo, acostumbrado a niveles diabéticos de azúcar por todo el licor de malta y los refrescos de vino que le estabas proporcionando, tiene un antojo casi constante de dulces. Tu (mi) cuerpo despierta y pide alimentos. Además, la comida activa la dopamina, algo que a una persona que acaba de dejar de beber le lleva más de un año reponer después de los estragos que ha causado.

El comienzo de la sobriedad es un momento de ansiedad, una etapa en la que los hábitos que alivian son hábitos que perduran. También es, si formas parte de un programa de 12 pasos, un momento en el que se te insta a recurrir a fuentes espirituales para obtener fuerza y guía. Descubrí que el ritual de preparar la comida (cortar rítmicamente; los olores frescos y húmedos de los productos; la gratitud melancólica por la vida animal que se toma para el sustento) me calmaba y me conducía a un espacio un tanto elevado. Y mi búsqueda de un poder superior encendió mi práctica de brujería intermitente. No fue difícil que estas dos cosas se alinearan, ya que ambas iluminaban mi espíritu y salvaban mi alma. Empecé a llevar comida a mi altar. Era consciente de que era una parte vital de muchas prácticas, desde los dulces que le ofrecían a Eleguá que había vislumbrado en las tiendas botánicas donde compré velas hasta las naranjas brillantes amontonadas ante los altares que admiraba mientras recogía comida china para llevar. Al principio, sin rumbo, gravité de manera intuitiva hacia cosas que parecían representar la dulzura de la vida, la abundancia y la alegría. Era obvio que había que reverenciar los cítricos, con sus maravillosos aromas y su sabor energizante. La miel era claramente sagrada, elaborada por los misteriosos cuerpos de las abejas al servicio de su reina, de la misma manera que yo me situaba ante mi propio altar en reverencia a una poderosa vibración femenina. Los dulces reales tenían un poco de humor, además de dulzura, y me pareció correcto incluir en mi altar algo elaborado por humanos. Después de todo, yo era una bruja de ciudad del siglo XXI. No estaba caminando descalza por un cenador, conversando con ninfas de los árboles mientras arrancaba fruta de las ramas. Caminaba entre basura y grafitis para comprar productos de escasa calidad en la tienda de la esquina. A mi padrino le gustaba decir que Dios es todo o que Dios no es nada, y comencé a imaginarme a una deidad encantada con la extraña imagen de una estrella en el centro de una manzana cortada por la mitad y una pila colorida de caramelos Skittles. Por mucho que me gustara llevar elementos del mundo en el que vivía (es decir, basura) a mi altar (cuando ves una carta de juego en la cuneta, ¿no debes tomarla para tu lugar mágico?), también me encantaba ser parte de una tradición humana que desde hacía mucho tiempo obtenía magia de las cosas de la tierra misma. No es difícil aprender qué propiedades mágicas se han atribuido tradicionalmente a las frutas y verduras, y con la ayuda de las librerías ocultistas e Internet comencé (y todavía lo hago) a estudiar el tema. Aprendí que las nueces, mi fruto seco favorito, eran sagradas para el planeta Júpiter, útiles para hechizos que intentaban atraer la buena fortuna y los tiempos alegres. Descubrir que el diente de león en una ensalada verde por la que me estaba esforzando mucho en desarrollar un sabor saludable era sagrada para Acuario, mi signo, fortaleció mi determinación y me hizo incluir una taza fría de infusión de diente de león en mi práctica meditativa. ¡Se dice que apoya las artes psíquicas! La menta piperita se ha relacionado desde hace mucho tiempo con el chakra de la garganta, y su inclusión en una ensalada o en una bebida preparada en un rito puede ser una parte poderosa de los rituales que tienen como objetivo ayudar con la comunicación o invocar el coraje para decir la verdad. Y así sucesivamente. Las frambuesas son estelares para el amor. La salvia, que tan a menudo se quema en el altar, también se puede ingerir o preparar una infusión con ella; la naturaleza terrosa de la hierba es útil para restablecer la estabilidad después de haber sufrido una herida o haber sido sacudida. Sana. El tomillo apoya los nuevos comienzos, sobre todo esos momentos en los que sentimos que regresamos al mundo después de un momento difícil. La asafétida, importante para la medicina ayurvédica y los deliciosos curris, es buena para mantener los límites y mantenerse a salvo. Hasta algo tan aparentemente mundano como el trigo posee un gran número de asociaciones mágicas, incluida la riqueza, que adoro (y sí, los hechizos de trigo curiosamente no contienen gluten). Lo mismo que la canela. ¿Huelo un pastel? Agrega un poco de vainilla, ya que amplifica el deseo, y tal vez algunas manzanas, que promueven el éxito. De hecho, hagámoslo.

UNA TARTA DE MANZANA MULTIUSOS

Para Isobel Gowdie

Isobel Gowdie fue acusada de brujería y falleció en Escocia a finales del siglo XVII. Se trata de una de las últimas mujeres asesinadas por brujería en Escocia, una autoproclamada Reina Bruja. Sus confesiones, seguramente realizadas bajo una tortura insoportable, son, no obstante, el relato más detallado, e incluso poético, que existe de una mujer seducida por las artes oscuras. Los académicos han tratado de explicar cómo Isobel conjuró esas estampas tan específicas, ya que algunos podrían sugerir que era una bardo o una intérprete, y otros reflexionaron sobre una posible enfermedad mental, tal vez esquizofrenia. Sabemos que Isobel se mantuvo fiel a su historia, incluso en el más mínimo detalle, cada una de las cuatro veces que se le hizo confesar, algo que ha dejado a los pensadores de toda la historia rascándose la cabeza. Isobel, a quien el mismo diablo llamó Jonet (que tiene cierto estilo, pero Isobel es más de bruja, en mi humilde opinión), compartió que retozó con el demonio principal en un aquelarre de 13, lo que convirtió a ese número en mágico para siempre. Al parecer, también se festejaba con el rey y la reina del país de las hadas, viajaba a su mundo subterráneo a través de una caverna y tenía orgías locas con las otras brujas. Si bien parece muy probable que nada de eso haya sucedido, espero con sinceridad que así sea. Parece genial.

Como mujer escocesa, Isobel, sin duda, era consciente del lugar que ocupaban las manzanas en la magia popular. La pesca de manzanas con la boca, que hoy en día es un juego de Halloween para niños, comenzó como una especie de adivinación romántica en Escocia, en la que el primero que atrapara una manzana mojada con los dientes adivinaría quién sería el primero en casarse. Para tener una idea de quién podría ser el futuro cónyuge, se colocaba la manzana debajo de la cama para invocar sueños proféticos. Un truco escocés similar consiste en pelar una manzana de modo que se obtenga una piel larga y en espiral, y luego mirar por encima del hombro para ver rápidamente al amor de tus sueños. Hazlo a medianoche para conseguir más claridad. ¡O tal vez simplemente hornea este pastel multiusos!

Lo recomiendo para un hechizo de riqueza, éxito y abundancia. Prepáralo cuando necesites un golpe de suerte, estés buscando trabajo o simplemente para pedir recursos. Pero estos ingredientes están aquí para ayudarnos en tantas cosas que este pastel también es excelente para irradiar una disposición para el amor; para bendecir o convertir en sagrado un momento especial; para iniciar un nuevo hábito o proyecto en el que mantener el enfoque; para cultivar la generosidad; para apoyar un viaje de sanación; para conferir agudeza a las actividades académicas; para atraer la buena fortuna; para honrar a los muertos; para comunicarse con los espíritus; para calmar los conflictos; para conjurar la valentía; y, francamente, es muy probable que para cualquier otra cosa por la que alguna vez harías un ritual.

NECESITARÁS:

1 ¾ de taza de harina integral
½ taza de mantequilla sin sal, ablandada, y un poco más para glasear
¼ de taza de azúcar en polvo y un poco más para espolvorear sobre
4 manzanas
1 huevo
½ cucharadita de leche
Canela para espolvorear
Un molde redondo de 20 cm, idealmente engrasado, forrado con papel sulfurizado y espolvoreado con harina
Un rallador
Una superficie de trabajo limpia

1. En primer lugar, busca un sitio en tu cocina para montar un altar temporal. A pesar de que digo temporal, se puede practicar tanta magia en una cocina que tal vez no haga falta. Enciende una vela, quema algunas hierbas, ofrece agua y algo del elemento tierra (¿tienes sal a mano?). Haz lo que sea para entrar en un estado de mayor capacidad para hacer magia, ya sea un momento de meditación, de saludo a los elementos o de conversación con espíritus y ancestros.
2. Precalienta el horno a 220 °C.
3. Mezcla la mantequilla y la harina en un bol, y bate con una batidora de repostería o desmenúzala con las manos (un poco más a lo bruja, ¿no?). Los trozos de mantequilla deben ser pequeños, del tamaño de un guisante.
4. Incorpora el azúcar.
5. Pela y ralla 2 manzanas. Bate el huevo. Viértelo en el bol y mezcla.
6. Mientras tanto, piensa en el efecto que deseas que tenga este pastel ritual.
7. Sueña despierta con tu futuro, visualízalo. Expresa en voz alta tus deseos.
8. Agrega un poco de leche a la preparación para que la masa no quede demasiado dura.
9. Espolvorea un poco de harina sobre la superficie de trabajo limpia, coloca la masa sobre ella y amasa con suavidad mientras te concentras en tus intenciones mágicas.
10. Pon la masa encantada en la sartén y presiónala para crear una superficie uniforme.
11. Pela y retira el corazón de las manzanas restantes. Córtalas en medias lunas gruesas. Colócalas sobre la masa formando un patrón atractivo. Tradicionalmente, se forma una espiral, ya que tiene una carga mágica, pero coloca las rodajas de la forma que te inspire, en especial si ésta se relaciona con tu hechizo.
12. Derrite el resto de la mantequilla (1 o 2 cucharadas deberían de ser suficientes) y pincela tu creación con ella.
13. Espolvorea con canela y azúcar.
14. Hornea la tarta durante 30 minutos.

15. Haz que comértela también sea parte del ritual, tanto si la disfrutas sola en tu altar como con un grupo de celebración o con esa persona hermosa a la que esperas encantar.

ALGUNAS NOTAS

SOBRE LOS INGREDIENTES: utiliza los mejores ingredientes que encuentres para preparar esta receta. No sólo tendrá mejor sabor, sino que los productos de animales bien cuidados y los elaborados por humanos bien remunerados tienen mejores vibraciones. Si deseas prescindir de los productos animales por completo, utiliza productos vegetales. Se puede elaborar una versión sin gluten con harina de almendras, que te brindará la energía mágica y de apoyo a la abundancia de las almendras.

SOBRE UTILIZAR ESTA TARTA PARA ENCANTAR A UNA MUJER HERMOSA: sé que algunas personas creen que los hechizos de amor son prácticas mágicas no consensuadas. Nunca olvidaré el folleto que vi en un dormitorio en el Reed College, donde impartí clases durante un festival de escritura: «LOS HECHIZOS DE AMOR NO SON CONSENSUADOS», en papel rosa fuerte y con una ilustración clásica de poción de amor con una línea roja que la cruzaba en diagonal. Si bien «No» siempre significa un maldito «NO», tengo mis propias ideas sobre los hechizos de amor. Cuando se hacen para fomentar la conexión o atraer la atención, creo que son geniales. Cuando se practican con el objetivo de cambiar la opinión de alguien (alguna persona que ya te dijo que no, que te dejó, etc.), son espeluznantes. No los hagas. Si los practicas, te explotarán en la cara, por eso creo que, en última instancia, los hechizos de amor son de muy bajo riesgo. No van a convertir a alguien en un prisionero del amor babeante y con el cerebro lavado. Si haces un hechizo de amor para alguien que no quiere estar contigo, verás los resultados con bastante rapidez en forma de descontrol y muchísimos problemas. Procede en consecuencia.

CHILE ABRIDOR DE CAMINOS

El chile en polvo es una gran herramienta para desbloquear, con independencia de si sientes que te han hechizado de forma discreta o si esa llamada frustrante proviene del interior de la casa. Es ideal para salir, abrirse paso, tomar un riesgo, lanzarse a por ello y deshacerse de las malas vibraciones, tanto de las tuyas o como de las de otra persona.

NECESITARÁS:

2 cucharadas de aceite de oliva
1 cebolla picada
4 dientes de ajo picados
2 zanahorias grandes picadas
1 lata de judías pintas escurridas y enjuagadas
1 lata de judías *cannellini* escurridas y enjuagadas
2 latas de tomates asados al fuego
2 tazas de caldo de verduras
1 cucharada de chile en polvo
2 hojas de laurel
1 taza de anacardos
Sal y pimienta al gusto

1. En primer lugar, cabe comentar que, desde el momento en que preparas los ingredientes o tomas un cuchillo para picar la cebolla, entras a formar parte del ritual. Por lo tanto, introdúcete de pleno en él. Canta, baila o medita. Piensa o di en voz alta lo que deseas. Incorpóralo a la comida que estás preparando.

2. En una olla de fondo grueso, rehoga la cebolla con aceite de oliva a fuego medio durante 5 minutos. Añade el ajo y saltea durante un minuto. Remueve bien para que no se queme.
3. Agrega las zanahorias y póchalas durante 10 minutos más.
4. Invita a las judías a la fiesta, lo mismo que a los tomates y al caldo. Ten mucho cuidado al incorporar el chile, ya que es la estrella energética del hechizo. Las hojas de laurel también son conocidas por traer la victoria, así que ten cuidado al agregarlas a la olla.
5. Lleva a ebulición y luego baja el fuego al mínimo y mantenlo así de 20 minutos a una hora. ¿Qué harás durante ese tiempo? Te sugiero que permanezcas en el ritual. Si dispones de un patio trasero, siéntate un poco sobre la hierba. Medita. Practica yoga nidra, una meditación profunda y relajante que hace que tu cuerpo entre en un estado mágico y resonante. Monta un altar. Lee tus cartas o un libro espiritual.
6. Unos 10 minutos antes de retirar el chile del fuego, añade los anacardos. Retira las hojas de laurel antes de servir el plato. Come con atención, con meditación y con intención.

Esta receta está inspirada en el chile de anacardo que comía cuando era una bruja gótica adolescente en el Trident Booksellers & Café de Boston.

LIMONADA ROSADA

El agua de rosas es ideal para aumentar el optimismo y mantener el ánimo durante un retraso o una mala racha. Añádele un chorrito de limón, agua y azúcar, ingredientes asimismo alegres, y obtendrás un elixir que te ayudará a invocar tiempos mejores.

NECESITARÁS:

6 tazas de agua
2/3 de taza de zumo de limón recién exprimido de unos 4 limones grandes
¼ de cucharadita de sal marina
1 cucharada de agua de rosas
1 taza de azúcar de caña

Para preparar esta deliciosa y sublime bebida, simplemente mezcla los ingredientes y enfríala, y/o sírvela con hielo.

Pero deja que el ritual de su elaboración te invada. Permite que la música o el movimiento formen parte de ello y asegúrate de decir en voz alta y/o meditar sobre tu deseo mientras mezclas.

Tómate esta bebida mientras visualizas el resultado que te gustaría traer a tu vida o cualquier cosa que te gustaría manifestar.

6

Familiarízate

Es un día de verano de 2017 y mi hijo y yo estamos en CatCon, una conferencia para los amantes de los gatos. No estábamos particularmente obsesionados con ellos, al menos todavía no. Estábamos allí como invitados de la estimada criatura destacada de la convención, la famosa gatita polidáctila permanente Lil Bub. Me hice amiga de Mike Bridavsky, el hombre que cuidaba de Lil Bub, que se había hecho famosa en Internet por su lengua colgante, su escaso tamaño y su increíble historia. Nació con una serie de anomalías genéticas que le conferían una ternura sobrenatural y una necesidad de cuidados especiales. Fue un milagro que la gatita salvaje hubiera sobrevivido, pero como el universo puede ser un lugar mágico y generoso, Bub encontró su camino a Mike, un artista muy agradable que enseguida organizó su vida en torno a su cuidado. Cuando sus publicaciones sobre Lil Bub se volvieron virales, Mike aprovechó la atención para conseguir una tecnología de vanguardia que prolongó su vida y alivió su dolor (Bub también secuenció su composición genética única). Usando su fama, Mike ayudó a recaudar más de un millón de dólares para mascotas con necesidades especiales con la ASPCA (Sociedad Americana para la Prevención de la Crueldad hacia los Animales, por sus siglas en inglés). Como bruja, sabía desde hacía tiempo que los animales comunes, los espíritus familiares, que tienen una relación especial y mística con un ser humano pueden potenciar las energías del otro y añadir brillo y dinamismo a los trabajos mágicos. Mike y Bub parecían el ejemplo más fantástico de la magia que pueden crear juntos los humanos y los animales. Por supuesto, la tradición no siempre fue tan dulce. Durante los días oscuros, cuando reinaban las supersticiones y las personas sospechosas de brujería eran objeto de atrocidades, las relaciones entre animales y personas mágicos se consideraban diabólicas. Se creía que los animales eran demonios disfrazados y no comían croquetas, sino que subsistían alimentándose de la sangre del cuerpo de su bruja. Los acusadores de brujas medievales buscaban pezones secretos en el cuerpo de una supuesta bruja, y nombraban lunares y verrugas en la piel como los puntos que alimentaban a la bestia. Hoy en día, las personas que incursionan en las prácticas paganas (o las adoptan plenamente, o siguen una tradición) han recuperado la idea del animal de confianza. Las personas que practican la brujería tienen una intuición muy desarrollada para captar la energía vital, y las poderosas vibraciones del reino animal resultan siempre fascinantes, inspiradoras y aleccionadoras. En resumen, somos amantes de las mascotas.

Históricamente, aunque en teoría amo a los animales, muchas veces me ha resultado difícil cuidar de mí misma. De niña, disfruté de la breve vida de un periquito de color lima limón llamado Petey, que una vez nos despertó con un gorjeo cuando mi madre se olvidó de poner el despertador. El hecho de que llegáramos a tiempo a la escuela era una prueba de que Petey nos cuidaba, y toda la prueba que necesitaba de que estábamos conectados. De adolescente, harta de que mi madre ignorara mis súplicas para que me llevara a casa un gato, simplemente lleve a casa un gato callejero que la madre de una amiga había encontrado en su trabajo en una fábrica. Dejé caer el peludo bulto negro sobre la mesa de la cocina y observé cómo mi madre se enamoraba mientras saltaba de un lado a otro. Llamé al gato Nikki, luego Jezebel y después Valor, ya que cambié su nombre de acuerdo con mi banda favorita en ese momento.

De adulta, disfrutaba de los animales de otras personas. Era alcohólica, una escritora propensa a trasnochar y a hacer viajes por carretera. La idea de bajar el ritmo y adquirir la estabilidad suficiente para cuidar de una mascota me resultaba intimidante e indeseable. Aun así, anhelaba una conexión especial con un animal, una criatura sin lenguaje, con la que tendría que confiar en la intuición para comunicarme, una conexión cada vez más estrecha a medida que estudiábamos las energías y los movimientos del otro, una amistad que tomaría forma en un espacio poco común, pos/prelingüístico. Imaginé que ese animal llegaría a mi vida de alguna manera, inesperada y predestinada. Por instinto, sabríamos que nos pertenecíamos el uno al otro. Lo que ansiaba no era una mascota, sino un espíritu familiar.

Ese día, en CatCon, nos fuimos con una gatita. Una atigrada gris con rayas pronunciadas y selváticas y orejas de murciélago que aún no habían crecido, que tenía un aspecto sorprendentemente salvaje y un carácter dulce y tímido. Mi hijo, que aún no había cumplido tres años, la llamó Ellie en honor al elefante rosa del programa de televisión infantil *Pocoyó*, su obsesión de aquel momento. Adoraba a Ellie, estaba agradecida por la ternura y la extravagancia que traía a nuestra casa, pero era con mi entonces esposo con quien ella elegía acurrucarse cada noche y luego lamerlo para despertarlo al amanecer. Ella no era mi espíritu familiar.

¿Qué hace que un animal alcance el nivel de la relación espíritu familiar / persona de la bruja? Históricamente, no se creía que la mascota de una bruja fuera un animal en sí; era más bien un duende o un demonio que había adoptado la forma de una criatura común e inofensiva para ayudar y apoyar las siniestras empresas de la bruja. Algunas creencias afirmaban que la mascota era el *doppelgänger* o *alter ego* de la bruja: básicamente, ella misma, pero capaz de colarse en tu casa como un ratón o comerse a tus ovejas como un perro salvaje.

Mi propia opinión sobre los animales asociados a las brujas (y creo que la concepción común de ellos) es que no son duendes, demonios ni fragmentos de nuestros propios espíritus proyectados al plano astral. Son ellos mismos, animales, y están llenos de magia animal y personalidad que amamos y honramos. Como los animales parecen tan en sintonía con sus instintos, en esencia, pueden prestar esa energía a sus cuidadores y ayudar a aumentar las vibraciones de nuestros esfuerzos. ¿Todas las mascotas traerán esa energía determinada a la habitación? No. Entonces, ¿cómo sabes si tu mascota también es tu espíritu familiar? Bueno, parece una excusa, pero, cuando lo sabes, lo sabes. Hay una energía, una conexión que es más fuerte, más profunda de alguna manera, que el vínculo que puedes compartir con otras criaturas. Tal vez les guste acercarse cuando estás inmerso en tu práctica espiritual, entrar en la habitación una vez que se encienden las velas, acurrucarse en tu regazo cuando meditas o enroscarse alrededor de tus extremidades cuando intentas hacer un poco de yoga. Tengo una amiga cuyo pequeño perro es su fiel compañero, un amigo que lleva consigo literalmente a todas partes. Pero es su tortuga, una relación más reciente, la que corre hacia su altar cada vez que ella está fuera de su entorno, y trepa sobre una pila de cartas del tarot. Tuve la oportunidad de cuidar a esa tortuga durante un tiempo y, mientras estaba en una reunión con un editor sobre una novela que había escrito, la tortuga se colocó directamente debajo de mi silla. El editor compró mi novela. Esta pequeña tiene una gran energía. Pero aunque aprecio su buena voluntad y generosidad, no es mi espíritu familiar.

Hace seis años, celebramos en el parque el tercer cumpleaños de mi hijo. Había decidido que la temática fuera el arcoíris, así que le habíamos comprado un pastel y platos glaseados con el mismo color y un arcoíris gigante de cartón para colgar de los árboles. Con una diadema de felpa con rayas del arcoíris y pulseras a juego, saltaba arriba y abajo junto a la puerta principal con su primo de tres años, ansioso por empezar. La puerta estaba llena de bolsas de golosinas y adornos y, cuando la abrí, ¡entró corriendo un gato! Bueno, no corrió. Se paseó, se pavoneó. Tenía, incluso en su aspecto desaliñado (desgastado por las preocupaciones y sucio, demasiado huesudo, y posiblemente con algunas pulgas), una especie de *joie de vivre*. Le dejamos paso para que entrara, un gato de esmoquin blanco y negro, con marcas como las de una vaca. Con sus orejas negras puntiagudas y su pelaje que corría como una máscara negra sobre sus ojos amarillos, se parecía bastante a Batman.

Cargada de provisiones, no pude detenerlo, y observé alarmado cómo mi hijo, un niño pequeño sin gracia, se lanzaba hacia el gato y lo levantaba torpemente. «¡No! –grité–. ¡Alto! ¡Bájalo!». Pero mi hijo no lo soltó, sólo se rio, y lo hizo a carcajadas mientras trataba de equilibrar el peso escurridizo del gato. Le pasó la bestia peluda a su primo, un amante declarado de los gatos, que también arrojó al felino de un lado a otro con torpeza, de la manera grosera que suelen hacer los niños pequeños en todas partes. «¡Alto! –seguí gritando–. ¡No!». Pero a los niños no les importó, y tampoco, curiosamente, al gato. Esperé una garra en la cara, un siseo alarmante, por lo menos un maullido de queja. Pero el gato no hizo nada. Liberado de los pequeños ogros, se escabulló más adentro de nuestra casa. Vio la moderna y novedosa cama para gatos de Ellie, que no parecía el feo mueble para gatos que era, y se deslizó en su cavernoso cubículo. Nos miró con frialdad, cerró los ojos y se durmió. Una de mis fotos favoritas de mi hijo es de ese mismo día.

Con el pelo sucio y erizado por el sudor, la cara enrojecida por correr y gritar durante toda la fiesta, está tirado en mi cama, todavía con su atuendo de arcoíris. Y tendido a su lado, piel con piel, está Birthday Rainbow, el nombre que mi hijo le puso al gato cuando acepté que nos lo quedáramos. Mi aceptación, por cierto, me pareció ridícula, no sentí que tuviera nada que decir al respecto. Birthday Rainbow entró en la casa, demostró su actitud épicamente relajada al dejar que los niños lo maltrataran, enseguida se hizo amigo de Ellie y nos llamó hogar. La decisión fue toda suya.

Creo que Birthday Rainbow es mi espíritu familiar, un gato salvaje y amante de la libertad que encaja con el tipo de cuidado y amor que siento por un animal. Ahora que estoy sobria y estable, puedo alimentarlo, limpiar su arenero y rociarlo con productos contra las pulgas todos los meses. Me encanta cuidarlo, cómo se sube a mi regazo mientras medito, la forma molesta en que camina por la lectura del tarot extendida en el suelo. Y aunque siento profundamente que él es mío y yo soy suya, no creo que sea la dueña de Birthday Rainbow. No es mi gato. Es dueño de sí mismo, con derecho a la vida que desea, por eso me parece bien abrir la puerta todo el día y toda la noche para dejarlo entrar y salir cuando quiera. La mayor parte del tiempo se relaja en el porche, pero de vez en cuando nos ha seguido en paseos por la zona, y una vez llegó a casa con una nota metida en el collar, escrita por otra familia que de vez en cuando lo alimenta y lo acaricia. Más de una vez he visto su foto en los foros de mensajes de la comunidad en línea, y he tenido que asegurar a los ciudadanos preocupados que sí, que tiene un hogar, que lo quieren y lo cuidan, y que sé que hay coyotes, por no hablar de coches, en el gran mundo; hay mapaches, perros y gente que trama cosas malas, pero éste es su mundo, el de Birthday Rainbow, y quiere ser parte de él. Lo entiendo. Yo también he querido siempre ser parte de ese gran y malvado mundo, sin importar los peligros. A veces no vuelve a casa durante un día, tal vez incluso dos, y mi corazón se desploma y me da vueltas el estómago. ¿Es esto? ¿Se acabó Birthday?

Siento el sabor a verdadera pena que me espera cuando ocurra lo inevitable. Pero todavía no ha sucedido. Sin quererlo, lo veo saltar a la ventana de la cocina y empezar a maullar en el cristal, gritándome que lo deje entrar.

Birthday y yo no siempre lo hemos tenido fácil. Durante una época oscura, cuando mi casa estaba plagada de enfermedades y orina de gato, traté de darle un nuevo hogar. Ahora me sorprende pensar en ello, y también me avergüenzo, y luego me doy cuenta de que he perdido el contacto con el miedo y la desesperación que sentía. Me alegro de que nadie lo quisiera. Me he disculpado y le he hecho promesas que estoy dispuesta a cumplir. Todavía orina sobre los animales de peluche de mi hijo de vez en cuando, sin razón aparente, pero hay espray enzimático, vinagre y el amor incondicional que siento por él en mi corazón, y lo superamos. Creo que es mi espíritu familiar; me veo a mí misma en su ambiente vagabundo y despreocupado, y creo que reconoce en mí un olor similar. Ha matado a uno de los hámsteres de mi hijo y ha mutilado a otro, y todos los pájaros y lagartijas del vecindario temen sus ojos amarillos. Sé que un día caerá ante la fiereza salvaje de otra bestia, y aunque lloraré su muerte y lo extrañaré, respetaré la forma en que vivió y murió, gentil pero indómito, autónomo y cariñoso, sin someterse a su naturaleza, sino deleitándose en ella. Una muerte pura y terrenal, una muerte que tiene sentido, una muerte que da vida. Hasta entonces, se acurrucará en mi escritorio y me observará mientras trabajo en mi altar, prestando, me gusta creer, su esencia distintiva a la obra, como la ha prestado a las vidas de todos los que lo rodean.

MIAU, SATÁN: UN HECHIZO PARA LLAMAR A UN ESPÍRITU FAMILIAR

Elizabeth Francis, nacida en Inglaterra en 1529, tuvo una vida tan dura como la de cualquier mujer medieval: estaba en la miseria, su novio rico no quería casarse con ella (luego se arruinó y murió) y, cuando finalmente contrajo matrimonio, fue con un bruto turbulento. Su único hijo falleció a los seis meses. También fue la primera persona a la que llevaron a juicio en virtud de la Ley de Brujería de 1562, que aplicaba la pena de muerte a las brujas que utilizaban la magia para asesinar.

Aunque nunca lo sabremos con certeza, es bastante seguro asumir que muchas de las acusaciones extravagantes lanzadas contra Francis (que ella misma admitió bajo los horrores de la tortura) eran tonterías, así que permíteme elegir lo que me gustaría creer. Su abuela bruja la había convertido en bruja a la edad de doce años, regalándole un gato con manchas blancas llamado Sathan. La historia insiste en que Sathan le habló a Francis con una «voz extraña y hueca», lo cual resulta emocionante de imaginar. Como todos los espíritus familiares medievales, Sathan subsistía gracias a la sangre, pero sólo una gota, del dedo de Francis, mezclada con su alimento habitual de leche y pan. Por eso, Sathan juró «satisfacer sus necesidades», proporcionándole ovejas, principalmente.

Elizabeth Francis fue juzgada tres veces antes de ser declarada culpable de brujería. En el tercer juicio se testificó que vieron a Francis dándole pan a un perro fantasma peludo y que luego lo arrojó contra una mujer que estaba siendo tacaña con su levadura. ¡Problemas medievales! La acaparadora de levadura testificó que el perro fantasma le había causado un terrible dolor de cabeza.

En memoria de Elizabeth Francis, quien con toda seguridad amaba a su gato y que sufrió tan trágicamente por la idiotez de su lugar y su tiempo, te ofrezco un hechizo para atraer a tu propio Sathan leal, perro peludo, paloma, geco o cualquier tipo de animal con el que anhelas tener una relación de espíritu familiar en tu vida.

Este hechizo funciona mejor durante la luna llena, ya que los animales responden muy bien a la plenitud de nuestro satélite (¡como nosotros, animales también!). Buscas conectarte con la energía de tu bestia especial. Piensa en el elemento que probablemente se asocie al animal con el que deseas hacerte amiga. Los mamíferos y los animales terrestres son tierra, los peces y las tortugas son agua, los animales alados son aire. Los reptiles pueden soportar el fuego, ya que necesitan calor (y existe un mito que dice que la salamandra puede existir dentro del fuego). Asegúrate de que el elemento tenga un lugar de honor en tu altar o espacio mágico: puedes tener un cristal o un montón de tierra, y tal vez una planta, para la tierra; una copa de agua para el agua; una pluma para el aire; una vela para el fuego. Si tienes una figura que represente a tu animal, utilízala. La energía más importante entre tú y tu familiar será el amor, así que incluye algunas flores conocidas por esa característica: jazmín, rosas, amapolas, hibiscos, lilas. Coloca un trozo de pan y un tazón pequeño de leche, vegetal o animal, en tu altar. Siéntate frente a tu altar y sueña despierta con tu espíritu familiar. Imagina cómo es, dónde podría estar. Llámalo desde tu corazón y desde tu mente. Ten una conversación completa con él dentro de tu cabeza. Cuando sientas que te has expresado con tu espíritu familiar, pasa un tiempo visualizándote con él, ya sea en este mundo, en las formas mundanas en las que esperas pasar el rato, o en algún tipo de tierra mágica de fantasía en la que hacéis cosas salvajes y de brujería. ¡O en ambas!

Cuando hayas terminado con tu hechizo, deja la leche y el pan en algún lugar exterior para un animal. El que se los coma probablemente no sea tu espíritu familiar. Pero ¿quién sabe? ¡Los mapaches son hermosos! No es más que una ofrenda al mundo animal. Ahora, busca a tu espíritu familiar mientras llevas el sentimiento del ritual dentro de tu corazón.

VINCÚLATE CON TU ESPÍRITU FAMILIAR

Crea un altar especial para tu espíritu familiar para profundizar tu conexión con él. Utiliza las asociaciones elementales que he mencionado, además de cualquier otro material que lo represente (un bigote, una pluma, un juguete, etc.), enciende una vela (los tonos de azul y violeta son los mejores) y medita un poco sobre el tipo de intercambio energético que quieres tener con tu espíritu familiar. ¿Quieres una vibración más fuerte, una frecuencia más ajustada? ¿Deseas volverte loca y hacer que corra libre por la casa? ¿Te gustaría que te visitara en tus sueños? Cuando sepas lo que te gustaría, sal de la meditación y acércate a él. Dile lo que te gustaría. Si tratas de establecer un vínculo psíquico más fuerte, acércate y abrázalo. Juega con él con suavidad. Realiza un buen contacto visual y háblale. Si quieres su salvajismo, anímalo y siente el intercambio de energía. Esto es principalmente un trabajo energético, difícil de prescribir con exactitud, pero la combinación de ritual, presencia intencionada y tiempo te proporcionará la profundidad que deseas.

DEJAR IR A UN ESPÍRITU FAMILIAR PERDIDO

Una de las lecciones más importantes que nos enseñan nuestros amigos animales es la fugacidad de la vida. No se puede decir hola a un espíritu familiar sin decirle adiós en algún momento. Cuando estés lista para dejar ir a tu querido espíritu familiar, lleva a tu altar el trozo de cuarzo rosa más grande que puedas encontrar. El cuarzo rosa representa el amor, el amor incondicional, el tipo de amor que tú y tu espíritu familiar compartisteis, y la clase de amor que tu corazón seguramente necesita ahora mismo. Quema hierbas aromáticas para purificarte y purificar tu espacio y ayudar a que la energía fluya. Utiliza un caldero de hierro o un cuenco ignífugo. Comienza sentándote frente al humo con el cuarzo rosa y medita sobre el amor que sientes por tu espíritu familiar. Deja que las lágrimas fluyan. Experimenta todos tus sentimientos, sean los que sean, pero asegúrate de agregar gratitud a la mezcla. Piensa en todas las formas en que estás agradecida a tu espíritu familiar y al tiempo que pasasteis juntos. Sal de tu meditación y anota tus pensamientos en un papel. Todo lo que recibiste de tu mascota, todo lo que te ofreció. En tu caldero o cuenco ignífugo, expresa tu gratitud en voz alta a tu espíritu familiar. Dale las gracias. Dile que está bien seguir adelante con su próxima aventura. Asegúrale que sabes realmente que estarás bien. Quema el papel en el cuenco y ofrécele el humo y el fuego como gratitud y amor. Tu querido espíritu familiar se ha ido, pero tú sigues aquí en la Tierra, un animal entre animales. Cuando se haya apagado el fuego, llévate tu cuarzo rosa a la cama contigo y duerme con él cerca de tu almohada hasta que tengas un sueño significativo con un animal. Asegúrate de escribir el sueño. ¿Era tu espíritu familiar? ¿Era la energía de un futuro compañero animal? ¿O eras tú expresando algo sobre tu relación con el recuerdo de tu espíritu familiar o de la magia del reino animal en general?

7

Capta tu aliento

Siempre supe que respirar era genial. Más o menos. Como Acuario, siempre me ha resultado difícil conectar con mi cuerpo. Bueno, la palabra «dificultad» hace que parezca que se tratara de un esfuerzo, una lucha. Simplemente no era así. Privilegiada por una buena salud física, no pensaba mucho en mi carne y mis huesos. Creía que era un vehículo para mi cerebro y disfrutaba inundándolo de sensaciones a través del sexo y las drogas, pero eso era todo. A mis veinte y a mis treinta años, cuando la gente a mi alrededor sudaba en las clases de yoga y hablaba de lo relajante que era, yo escuchaba con cierta curiosidad; el elemento místico parecía genial, pero no me gustaban los deportes. Los deportes que practicaba solían incluir a alguna amiga marimacho que se rompía el ligamento cruzado anterior jugando al rugby, o a otra amiga que pasaba las mañanas de los sábados jugando al fútbol en una parte de la ciudad en la que yo nunca había estado. ¡Exótico! Pero no para mí. Había oído hablar de la respiración artificial, o de que uno podía drogarse manipulando la respiración, pero me parecía el triste consuelo que se daban las personas sobrias: «No necesito ir de fiesta, ¡me drogo con la respiración! Me drogaré con algo que pueda esnifar, como una persona normal, muchas gracias», y en cuanto a la respiración, la utilizaba principalmente para fumar.

No sabía que respirar, esa cosa que hacemos en piloto automático, es en realidad una práctica mágica que está justo debajo de nuestras narices. Hay prácticas asiáticas verdaderamente antiguas que desde hace mucho tiempo tienen en cuenta que nuestra respiración, si nos volvemos conscientes y deliberados al respecto, puede ser una manera de profundizar nuestra conexión con lo divino, tanto dentro como fuera de nosotros mismos. En Estados Unidos, la respiración a través de la meditación y el yoga parece haber sido absorbida por la cultura general del bienestar, un ámbito que demasiado a menudo parece tener que ver con ponernos en la mejor forma para que podamos desempeñar mejor nuestros roles sociales como trabajadoras, madres, productoras... Una empresa capitalista encubierta para mejorarnos a nosotras mismas para el capitalismo.

Atrapados como estamos todos en el capitalismo, la magia interactúa con este sistema (una bruja también tiene que comer, ¿no?), pero la magia que me interesa nos proporciona rutas para salir de estos y de todos los sistemas que amenazan con robarnos nuestra capacidad de asombro, libertad, voluntad y chispa divina. Así que sí, me quedé bastante atónita al descubrir que algo tan básico y universal como respirar podía catapultarme a reinos que parecían empapados de misticismo y magia.

Permíteme mostrar el escenario. Estaba sobria, no fumaba y, además, era madre. Había recuperado mi práctica de la brujería y estaba completamente comprometida. Vivía en el lado este de Los Ángeles, donde no se puede hacer un sombrero sin pasar por una sesión de respiración artificial o de baño de sonido. Y todavía no había hecho ninguna de las dos cosas. Pero cuando una madre de la clase de preescolar de mi hijo me dijo que iba a organizar una sesión de respiración para recaudar fondos para la escuela, me apunté, más como madre comprometida que como buscadora espiritual.

Diré unas palabras sobre esta escuela de preescolar. Era una cooperativa, lo que significaba que los padres se comprometían a trabajar como profesores y a dirigir la escuela, junto con un puñado de expertos pagados. Esto hacía que el coste fuera bajo, conveniente para los padres de escasos ingresos, pero significaba que había que tener mucho tiempo libre, y eso era difícil para los padres de bajos ingresos. Mi entonces cónyuge y yo estábamos en medio económicamente, y lo hicimos funcionar. Todos debían asistir a talleres de crianza no violenta, conferencias fascinantes sobre el desarrollo del cerebro humano y del sistema nervioso, y se les enseñaban métodos de crianza y estilos de resolución de conflictos informados por el cableado incipiente y estropeado de la psique de nuestros hijos. Al igual que yo, la mayoría de los demás padres no fueron criados con tanta consideración, y hubo bastante intercambio de lágrimas durante las sesiones.

Había llegado a la escuela un poco orgullosa de lo que podía ofrecer, en particular de mis habilidades de lectura del tarot, que estaba lista para recaudar en nombre de la organización. Resulta que, a mediados de la década de 2010, Los Ángeles estaba (y sigue estando) plagada de madres brujas. Conocí a una madre que acababa de regresar de un campamento de verano de iniciación psíquica en un lugar parecido a Hogwarts en Inglaterra. Otra madre estudiaba para herborista y estaba lanzando un negocio de elaboración de aguardientes orgánicos y tés apoptógenos. Había una madre que ofrecía meditación guiada y visualizaciones, y otra cuya especialidad era la respiración. Como cada familia tenía la tarea de recaudar una cierta cantidad de dinero para la escuela, esta madre iba a presentar una sesión de respiración en la cabaña trasera de su casa un domingo por la mañana, y me apunté.

Me gustaba esa madre. Era una mujer blanca, alta, esbelta pero fuerte, con un cabello rubio recortado que a menudo se desvanecía debido a un color que no se encuentra de manera natural en el cabello. Me gustaban todas las madres de preescolar y estaba emocionada por la oportunidad de pasar el rato y estar tranquilas juntas, lejos de los niños una mañana de fin de semana. Porque eso es lo que sería, ¿verdad? ¿Trabajos de respiración? Algo así como meditación, sentarse y respirar juntas, tal vez con alguna imagen, como una rama de árbol que crece desde nuestra columna vertebral hasta la tierra, ese tipo de cosas. Había formado parte del mundo del *New Age* y sabía qué esperar.

Nos reunimos unas diez personas en la planta superior de la cabaña, con un ambiente acogedor y de buhardilla con un techo inclinado. Todas éramos madres de niños bastante pequeños y, para muchas de nosotras, como yo, era la primera vez que vivíamos esta experiencia tan completa. Nuestra líder, River, encendió velas mientras cada una buscaba un lugar donde colocar las mantas y las almohadas que nos habían indicado que lleváramos. Pensé que era como una fiesta de pijamas, esa experiencia de estar en un espacio sólo para chicas, con chicas que conoces de la escuela, familiares en algunos aspectos y desconocidas en otros. Pensé que tal vez me quedaría dormida, lo que me solía pasar si permitía que mi cuerpo se relajara durante más de un par de minutos. Mi hijo tenía tres años y habían sido muchos meses de locura.

River nos hizo ponernos cómodas, tumbadas boca arriba. Nos enseñó la técnica de la respiración, la primera señal de que no se trataba de una meditación normal. Las respiraciones se hacían en tres pasos: una inhalación por la nariz hasta el vientre, luego hasta el pecho y luego se soltaba por la boca, todo ello sin pausas: completo, profundo y constante. Cada respiración se conectaba con la siguiente, una vía de respiración que avanzaba como un tren desde las fosas nasales hasta el centro y de vuelta a través de la boca. «Puede que sintáis hormigueo en las manos y en los pies –nos preparó–. A veces sientes que tu labio superior se curva sobre tus encías. Y puede que llores». Vale, raro, pero nada de eso me pasaría a mí. Aunque dejar de beber y tener un bebé seguramente me había dejado más conectada con mi cuerpo de lo que nunca había estado, seguía siendo, en el fondo, una Acuario. Creía que las sutilezas de la magia corporal (respiración, sonidos, esencias florales, acupuntura) de alguna manera se perderían en mi sistema. Por eso necesitaba sexo duro y drogas duras para sentir mi forma terrenal. Algo en mi naturaleza requería de un mazazo para enraizarme.

¿Sería la respiración ese mazazo? Una vez que entré en el ritmo de mi respiración (un patrón que parecía un bucle, incluso mientras viajaba de arriba abajo a lo largo de mi cuerpo), me di cuenta de que probablemente no me echaría una siesta después de todo. Requería un poco de esfuerzo mantener las respiraciones. Además, había música, y no las campanillas tintineantes que uno deja de escuchar durante un masaje. Era inesperadamente alegre y fuerte. Respiré, inhalé y exhalé, inhalé y exhalé, y comencé a sentir el tipo de hormigueo del que nos habían advertido en mis manos y en mis pies, en mis rodillas. Respiré. ¡Gau! Mientras trabajaba en la respiración (casi no trabajaba en absoluto, porque se movía con su propia energía propulsora, bucle, bucle, bucle), la música me golpeaba de una manera nueva y se metía bajo mi piel. ¿Estaba respirando la música? Pensamientos psicodélicos comenzaron a revolotear en mi conciencia. Me sentí tal vez mareada, pero estaba acostada, así que era difícil saberlo. Todo se estaba fusionando: mi respiración, el caos de la música, la maraña salvaje de todo eso que palpitaba dentro de mi pecho como un ser vivo… Mi labio superior, sacudido por el aire de mi respiración; de hecho, se secó y comenzó a ascender por mis encías. Sentí que se había quedado atascada allí (¡qué extraño!), pero lo ignoré y seguí adelante. Aquello no era en absoluto lo que pensé que sería. No era una visualización suave que me dejara agradablemente en el espacio; no era Meditación 101 en la que luchaba con pensamientos errantes. Esto era algo del todo nuevo.

River se movía a nuestro alrededor como una especie de directora de orquesta y colocaba cristales de una cesta cerca de los pies o de las coronillas de las personas. Yo no sabía que lo hacía; no sabía dónde estaba ni qué estaba haciendo, pero tenía una sensación de su presencia, como si mi tercer ojo no dejara de observarla. En la pausa entre canciones, nos hacía repetir una afirmación: «Me estoy curando por completo». Ni siquiera vomité ante la idea de decir una afirmación tan fácil y cursi al aire. La curación, que entiendo que es una cosa, incluso, podría decirse, una cosa en la que he estado involucrada durante un par de décadas, es también algo sobre lo que se ha arrojado tanta luz blanca desde el *New Age* que ya casi no significa nada para mí. Pero en esa pequeña habitación llena de mamás, ese día, me sentí diferente. Los pensamientos psicodélicos (sentimientos vergonzosamente simples como «El amor es todo lo que importa», sentidos con un poder nuevo y crudo) entraron en lo que parecía un viento ártico interno que soplaba todo el lodo dentro de mí hacia una cuneta psíquica. Lo sentí como una ráfaga que limpió una parte de mí que no sabía que necesitaba ser lavada. «La limpieza es lo más parecido a la divinidad», pensé, y no deja de ser un pensamiento psicodélico, lo que significa que ahora parece tonto, pero que entonces me golpeó físicamente y me atormentó con una verdad intraducible.

River dio paso a otra canción. Al principio me resultó familiar, aunque traté de no dejar que despertara mi intelecto, esa mente inquieta que quiere saberlo todo. Una región diferente de mi mente se había conectado, maestra del pensamiento psicodélico, ridículamente básico y sabio en extremo. Era «Do You Realize?» de Flaming Lips. Me di cuenta cuando el cantante comenzó su pregunta. Estábamos flotando en el espacio, sí, sí, lo estamos, pero sabía adónde iba esa canción, y esa parte descarada de mi cerebro maldijo: *River, oh, River, tú, chamana diabólica, tú, pequeña descarada mística, realmente nos vas a eliminar ahora, ¿no es así?*

¿Te das cuenta / de que todos los que conoces morirán algún día? Bueno. Había oído los sollozos, mientras respiraba a través de mi país de las maravillas, de las mujeres a mi alrededor que lidiaban con cavidades sinusales recién afectadas por un ataque de llanto. No había pensado demasiado en eso: todas éramos madres primerizas, más o menos, no habíamos dormido mucho en los últimos tres o cuatro años, probablemente habíamos tenido que lidiar con cambios de humor posparto y estaba claro que habíamos tenido nuestras hormonas por los aires como en ese juego de lanzar las 52 cartas. En este estado, trabajábamos a diario para doblegar a nuestra voluntad a las criaturas salvajes. Ninguna de nosotras era ajena al llanto. Pero ahora yo también estaba llorando. Porque todos los que conocía morirían algún día. Yo. Mi pareja. Nuestro bebé. Nuestro hijo. Imposible. Podría suceder en cualquier momento. No es que hubiera nada fatal en marcha, sólo que ¿quién piensa que está al borde de una tragedia inesperada que cambiará su vida? Mi respiración, que hasta entonces había seguido su curso como un vehículo que gira en espiral en la oscuridad de Space Mountain, se volvió irregular. Me desvié de mi rumbo. Emití un sonido, un sollozo leve. Oí jadeos similares a mi alrededor. Me imaginé, brevemente, a River apoyada contra la pared, a la luz de las velas, sonriéndonos con benevolencia a nosotras, sus protegidas, mientras llorábamos y nos enfrentábamos de nuevo a ese viejo fantasma, nuestra mortalidad. ¡Qué bruja! Las lágrimas se deslizaron por los bordes de mis ojos, filtrándose en mis oídos, y la sensación fue horrible. Moví las manos para rascarme el hormigueo: ¿qué eran estos artefactos torpes y gruesos? Me pesaban y zumbaban como una colmena llena de miel. Las dejé caer. Volví a mi ritmo. No fue difícil.

River nos hizo gritar más afirmaciones. Acepto hoy. Estoy en paz. Soy amor. Al final, en lugar de otra frase que nos grabara a fuego el espíritu, nos hizo gritar. Y lo hicimos. Una sala de mujeres gritando, una sala de madres gritando.

«Tomaos vuestro tiempo para volver a ser vosotras mismas –empezó River para terminar suavemente la sesión–. Tomaos vuestro tiempo para abrir los ojos, para mover el cuerpo». Como si pudiéramos haber hecho otra cosa. Estábamos aturdidas, todas. Como cochinillas que se desenrollan lentamente, sacudíamos las piernas, movíamos las muñecas como si bailáramos jazz, nos tirábamos del labio para taparnos las encías resecas. River nos había dado a todas papel y bolígrafo para que registráramos los grandes pensamientos que habíamos tenido durante nuestro trance. A mi alrededor, la gente estaba tumbada boca abajo mientras escribía. Mi mente daba vueltas pensando en qué escribir. Como una roca cuyo brillo mágico te llama la atención en medio del océano, sabía que si la sacaba sólo haría que se secara y perdiera su magia. ¿Por qué me había traído esa piedra a casa otra vez?

El pensamiento que más resonaba y palpitaba como si se tratara de un corte reciente era la claridad. Nunca había experimentado algo así. Como si me hubieran arrancado una película de la mente. Me sentía un poco animada, pero también en paz. Llena de energía. Alegre, a pesar de mis lágrimas recientes, a pesar de que todos los que conocía tenían una sentencia de muerte, a pesar de la mía propia. Lo anoté lo mejor que pude, sabiendo que probablemente no importaba. Estaba casi segura de que nunca volvería a mirar ese trozo de papel. Pero volvería a respirar así. Eso lo sabía.

Desde ese día, la respiración ha sido una práctica intermitente para mí. Empecé a asistir a las sesiones de respiración grupal de River y respiré en fila con otras respiradoras y di la bienvenida a los ya familiares hormigueos y lágrimas a medida que avanzaba hacia un espacio más profundo. A veces sentía que el corazón me daba un vuelco, mi chakra del corazón. Me siento afortunada de sentir en ocasiones estos vórtices y sus conexiones con mi forma física, ya sea el remolino rápido del chakra del corazón cuando se abre ante la presión, o la espiral de energía que a veces siento en la cabeza, en la coronilla, mientras me duermo. El zumbido de mi tercer ojo, que me hace despertar y prestar atención con su cosquilleo casi insoportable. La apertura de mi chakra del corazón en la respiración era algo que sentía una y otra vez. En ese momento, mi pareja y yo estábamos a punto de abrir nuestra relación. Tenía miedo de que saliera mal; de hecho, podría decirse que así sería, pero me encuentro, años después, con mi nueva vida, bastante feliz. Cuando el espacio de mi corazón se abrió, supe que debía entrar con valentía y sin tapujos en esa experiencia. Me enamoraría y me romperían el corazón varias veces. Comprendí con claridad psicodélica que eso era lo que mi corazón debía hacer.

También ha habido momentos difíciles con la respiración. Al conectarme con la eternidad, la infinitud del amor durante una sesión, tuve que contenerme para no enviar numerosos mensajes a mis exparejas que habrían resultado preocupantes, si no totalmente indeseables. La realidad consensuada no suele fusionarse bien con los estados místicos, y estoy agradecida de haber seguido la corazonada de que tales ofrendas de devoción cósmica sólo me llevarían a limpiar un desastre que apenas podría explicar. Simplemente me senté a pensar en ello. Después de todo, es una forma de meditación. El punto es sentir esa oleada de amor, sin principio ni fin, y saber que estoy completamente atrapada en su corriente, que incluso puedo ser su fuente. Como en todos los altibajos, es mejor aferrarse ligeramente y soltar.

En otra ocasión estaba haciendo ejercicios de respiración sola, en la habitación en la que trabajo y hago magia. Empecé mi práctica de respiración en casa poco a poco, con nerviosismo; aunque nunca había tenido una experiencia negativa, era tan abrumadora que me gustaba saber que River estaba allí, competente y atada a la tierra, en caso de que necesitara ayuda para conectarme. Pero mis sesiones en casa eran más o menos como las grupales que había experimentado, y disfrutaba creando mi propia lista de música, como River, y ponía diabólicamente una canción con un mensaje poderoso, como «Revelations», de Yoko Ono y Cat Powers, justo en el medio, cuando sabía que sería más vulnerable a su mensaje. Después de respirar (en el interior de un círculo de cristales) en mi habitación, me levantaba, escribía en mi diario, leía el tarot y bajaba las escaleras para tomar un refrigerio. Durante un tiempo, ésa fue mi práctica habitual, y di vueltas a la idea de invitar a mi casa a un grupo de amigos curiosos para guiarlos en la realización del ejercicio como River me había guiado a mí.

Y entonces llegó la COVID. Y me divorcié, mi camino poliamoroso me llevó al terreno mejor ilustrado por la carta de la Torre en el tarot, un arcano que aparecía con frecuencia en aquel momento. Una noche, bastante tarde, sola en mi gigantesca casa, con mi hijo pasando la semana con mi actual ex y su nueva pareja, me acosté en el suelo y entré en el patrón de respiración. Las lágrimas acudieron enseguida.

¿Es que alguna vez habían desaparecido? Lloré todo el día, un verano caluroso de lágrimas que me dejó deshidratada y subsistiendo a base de polos. Mi respiración se encerró en el bucle brillante y familiar, y mis lágrimas se convirtieron en sollozos, y, a continuación, en llanto. Seguí adelante. Reconocí que esta práctica era curativa, y al diablo con cualquier asociación vergonzosa con esa palabra. Era verdad, curativa, y la sentí más palpablemente en ese estado. Pero esta vez, en lugar de traer una claridad abrasadora, mis respiraciones aportaron fatalidad. El peso de mi dolor era demasiado para mí. El dolor crudo y psicodélico parecía un mito legendario, algo que me había precedido, un destino en el que me había encerrado. Todo estaba perdido. No había alegría, no había amor. Sólo había esto, un vacío terrible, un abismo malévolo. La ausencia de amor, sentida en una escala cataclísmicamente grandiosa.

Permanecí en esa sesión más tiempo del que debía. Soy una persona que siempre quiere la verdad, por devastadora que sea. En la experiencia intensificada de la respiración, la verdad de mi dolor se volvió épica, lo bastante grandiosa como para borrar la realidad del amor que tantas veces había sentido antes. «Era mentira –me decía mi dolor–. Sólo esto es real». Era insoportable de afrontar, pero me obligué a aceptarlo, sólo que no lo hice. Rompí el bucle brillante de la respiración y me sacudí para salir del trance físico. Me arrastré hasta la postura del niño, y lloré y lloré. El conocimiento de un lugar sin amor, una especie de reino psíquico, estaba en mí ahora, y aunque parecía intolerable, lo toleraba, lo aceptaba. Era verdad. ¿Era la única verdad? ¿El dolor de mi revelación de las sombras borraba necesariamente las epifanías más soleadas que había traído la respiración? Me llevó un poco de tiempo darme cuenta, y es muy probable que pudiera escribir un libro únicamente sobre ese viaje, sobre cómo una parte de mí todavía siente que lo estoy haciendo todos los días. Como un relámpago maligno, mi dolor descendió y convirtió todo lo bueno en algo negativo en este reino. No me arrepiento de esta poderosa visión. Me alejé de las prácticas de respiración durante un tiempo, hasta que sentí que mi dolor se reubicaba en mi psique y se transponía de nuevo. Como el amor, nunca se va. Ahora le da sabor a mi respiración, que se ha convertido en la cuestión de absorber la insondable totalidad de la vida y de sostenerla de esta manera particular que acentúa su misterio, su naturaleza mística esencial.

Mi recomendación para la práctica de la respiración ahora viene con advertencias. Como cualquier psicodélico, puede enfatizar tu estado de base. Si estás en un mal lugar, puede llevarte más profundamente a esa cámara maligna. A veces eso es curativo; en ocasiones, demasiado. Tú decides tus límites. Aquí nadie recibe un premio por ser una heroína. Si sientes que tu dolor tiene un valor, que es una purga, un consuelo; entonces quédate, pero si sólo te está volviendo loca y quieres escapar, hazlo. Una compañera cuya ansiedad a menudo se manifestaba a través de la respiración se dio cuenta de que era incapaz de profundizar mucho en la práctica sin entrar en pánico. En otra ocasión, yo estaba dirigiendo una sesión grupal como parte de un taller de escritura y una estudiante tuvo que sacudirse y salir de la habitación, ya que la intensidad no le resultaba en absoluto acogedora.

El trabajo de respiración implica a nuestra conciencia y a nuestra psique. La respiración transporta oxígeno a nuestra forma física, por lo que todo nuestro cuerpo se ve afectado por este trabajo. Es intenso en sus dones y también he aprendido con sus lecciones más difíciles. Si deseas conocer esta práctica, te animo a que busques un taller grupal dirigido por un instructor; hay muchos disponibles, y algunos de ellos se ofrecen en línea y en persona. Conócete a ti misma, tu tendencia a la ansiedad o a los problemas respiratorios. Esto no necesariamente te impide esta práctica: tengo un diagnóstico de trastorno de ansiedad generalizada y pude practicar de manera satisfactoria durante meses antes de que mi experiencia se viera afectada por las circunstancias de la vida. Pero es bueno saber que llevas todo tu ser a esa práctica mágica, y puede surgir cualquier aspecto de ti.

RESPIRACIÓN BÁSICA

Para prepararte, busca un lugar en el que te sientas cómoda y tranquila, un sitio que tenga vibraciones agradables o neutras. He hecho ejercicios de respiración en la cama, aunque en realidad prefiero el suelo; quieres experimentarlo de manera distinta a acostarte. Puedes tumbarte en el suelo sobre una colchoneta de yoga o encima de una manta. Ten otra manta a mano para cubrirte, ya que a veces la gente se enfría durante esta práctica. Me gusta activar el humo y las velas de mi altar y seleccionar cristales especiales para emplearlos en el ritual. He hecho círculos de piedras y me he acostado en su interior, y también he colocado piedras sobre mis chakras o cerca de ellos; a veces se caen, pero está bien. No recomiendo sostener cristales en las manos. Una vez lo hice, sólo para descubrir que mis manos se contraían y formaban extrañas garras alrededor de las piedras, y me llevó un tiempo salir del trance y que mis manos se relajaran y las soltaran. ¡No fue nada agradable! Crea una lista de reproducción. Puede parecer que las melodías místicas y de ritmo lento son el camino a seguir, pero, como experimenté en mi clase con River, las canciones pop también pueden resultar bastante profundas bajo el hechizo de la respiración; las experiencias psicodélicas son excelentes para transformar los sentimientos más simples en algo profundo. Las canciones alegres con mensajes positivos son excelentes, al igual que los temas conmovedores de cualquier género. Una vieja lista de reproducción que todavía tengo en mi teléfono comienza con la oda rockabilly a la vagina de Cramps, «Hot Pearl Snatch»; pasa a la hermosa y mística «Dazzle» de Siouxsie and the Banshees; se sumerge en la oda rebelde al amor de The Smiths, «Sheila Take a Bow»; ruge en «Shout at the Devil» de Mötley Crüe (bueno, justo en el clavo); y termina con la empoderadora «50ft Queenie», de P. J. Harvey. Esto es a lo que responde mi psique. Haz que tu lista cautive a tu propio subconsciente. Y sí, sólo necesitas cinco canciones.

Reproduce la música lo más fuerte que puedas. Si utilizas el teléfono móvil, como yo, colócalo cerca de la coronilla, de modo que el sonido esté equilibrado. Comienza a respirar: respira profundamente por la nariz, hasta el abdomen, luego hasta el pecho; después exhala por la boca y vuelve a inhalar de inmediato por la nariz. Continúa de este modo: observa los cambios que experimentas en tu cuerpo y mente, la forma en que reaccionas a la música que has seleccionado. Si en algún momento sientes que te resulta excesivo, deja de respirar de esa manera. Simplemente respira con normalidad, mueve tu cuerpo, siéntate. Pica algo de comer o bebe un vaso de agua. Si te sientes segura y te parece interesante, permanece de ese modo. Me gusta tener un diario y cartas del tarot a mano; el estado de mayor profundidad que ofrece la respiración es ideal para el tarot. También me gusta hacer un poco de yoga suave para volver a mi cuerpo y luego tomar un refrigerio.

ALIENTO DE HADA PARA BIDDY EARLY

Si utilizas la técnica básica de respiración que se ha detallado con anterioridad, es posible establecer ciertas intenciones antes de entrar en el trance respiratorio y obtener información específica para tu psique. Este ritual es en honor a Biddy Early, una curadora feérica irlandesa que murió a fines del siglo XIX. Biddy era conocida en toda su región por ser una poderosa sanadora. Sus dones se los debía a las hadas, con quienes se comunicaba y que, según ella, le enseñaron a curar con hierbas y a adivinar el futuro. Las hadas le habían regalado a Biddy una botella azul especial a través de su hija, que también tenía dones ocultos, asegurándole que Biddy sabría cómo utilizarla. La tradición cuenta que la botella solía llenarse de vapor, y que Biddy la usaba como un objeto de adivinación antes de ayudar a alguien. Si la niebla no aparecía, sabía que no podía curar a la persona y se negaba a trabajar con ella. Después de su muerte en 1874, la botella mágica fue arrojada al lago local, Kilgarron, donde se hundió hasta el fondo y nunca más pudo emplearse.

En este ritual de respiración, la intención es entrar en contacto con la «gente buena» (otro nombre para las hadas del lugar y la época de Biddy) que se creía que estaba entre ellos. Ahora bien, existe una teoría aún por demostrar (o no demostrada) de que la respiración libera el psicodélico DMT (dimetiltriptamina). Es posible que hayas oído hablar de la DMT como componente principal de la ayahuasca. Los psiconautas informan de visiones de entidades de otro mundo cuando toman ayahuasca. El etnobotánico místico Terence McKenna explicó que había visto «máquinas feéricas autotransformables» durante un viaje de DMT. Otros han informado de que se han encontrado con extraterrestres, gatos, mantis religiosas y otras criaturas, todas ellas emitiendo vibraciones benévolas e inteligentes.

La DMT se encuentra en nuestra glándula pineal, en el lugar que ocupa nuestro tercer ojo místico. Un triste estudio realizado en ratones (triste, ¿no?) concluyó que, cuando estaban bajo los efectos del estrés, sus glándulas pineales secretaban DMT y, según la teoría, el estrés que la respiración ejerce temporalmente sobre nuestro cuerpo puede hacer que nuestro propio cerebro produzca una cantidad mínima de esta sustancia maravillosa, lo que explicaría por qué la experiencia es tan malditamente psicodélica.

Los elfos de Terence McKenna, las hadas de Biddy Early... ¿Tal vez son lo mismo? Para intentar establecer contacto con estos seres etéreos, hice una llamada a la propia Biddy, le pedí su atención y cuidado del reino espiritual. Encendí una vela azul en mi altar junto con agua y humo. Si tienes una botella azul, llénala de agua y humo, si es posible, y ofrécesela a la bruja irlandesa. Pídele que te acompañe en este viaje y que te conecte con los seres del otro lado de esta realidad. Luego, comienza tu trabajo de respiración. Tal vez la parte más difícil sea mantener tu mente abierta a los mensajes y visiones de estas criaturas. Como con la mayoría de las cosas psíquicas, me resulta difícil simplemente confiar en mí misma. ¿Estoy recibiendo un mensaje o estoy inventando cosas? Múltiples conversaciones con psíquicos que tienen menos síndrome del impostor que yo me aseguran que todo es lo mismo. Cuando buscamos comunicación de otro mundo, llegará a través de los mismos canales que nuestra imaginación. Tienes que dar un salto enorme, de un tamaño irreal, y creer que lo que ves y oyes es sagrado en su origen y tiene un mensaje para ti.

Para esta sesión de respiración, la música clásica puede ser la mejor opción, ya que es menos probable que desencadene una actividad mental específica como hacen las letras de las canciones. Asegúrate de escribir en tu diario inmediatamente después de salir del trance. A diferencia del galimatías que redacté después de mi primera experiencia de respiración, es posible que dictes pistas sobre un universo paralelo que ha existido durante mucho tiempo junto a la humanidad y que aparece en nuestros mitos y leyendas.

Y no olvides darle las gracias a Biddy cuando hayas terminado.

8

El maleficio señala el lugar

Desde que el mundo las conoce, las brujas han sido sinónimo de maleficios: la capacidad de invocar un poder místico personal para hacer daño. Tal vez sea ésa la razón por la que algunas brujas modernas se oponen a esta práctica, porque es un fastidio que te definan por un único elemento de la brujería, especialmente por uno «negativo». Es muy probable que esa ignorancia alimentara la antigua sospecha y el odio hacia las brujas, y tiene sentido que quieras ser conocida como la bruja holística y de buenas vibraciones que probablemente eres. A veces parece que la tendencia contra los maleficios es parte de un plan de renovación de imagen más amplio que presenta a las brujas como más amables y agradables.

Pero nunca he sido partidaria de la política de la respetabilidad.

No soy la única que tiene una postura tan rebelde. Del mismo modo que existen brujas que rechazan rotundamente los hechizos, muchas otras afirman que las vertientes destructivas de la magia son un aspecto sagrado de la diosa, que tiene el poder de destruir y crear. Ignorar el llamado lado oscuro de la magia (la voluntad de romper, causar estragos, atrofiar, enfermar o apresar) parece privarnos de un panteón de diosas oscuras globales, deidades cuya ira, al igual que la nuestra, a menudo proviene de causas comprensibles. Hay mucho dolor en el mundo, mucha injusticia, y experimentamos toda su gama, desde una relación romántica que se agrió de manera injusta hasta pertenecer a un pueblo que es objeto de una violencia y una opresión extremas. Frente a todo esto, renunciar a los maleficios puede parecer una señal de virtud miope y ridícula.

Lancé mi primer maleficio cuando era adolescente, justo al comienzo de mi práctica. Ciertamente no me consideraba una bruja, todavía no, y es probable que en ese momento, en mi dormitorio, sólo quemara un poco de incienso con alguna intención subyacente. Tenía un paquete que había comprado en un viaje de un día a Salem, etiquetado como «Para el coraje». Lo necesitaba. La forma en que me gustaba mostrarme (pelo largo y cardado, vestidos de tiendas de segunda mano, maquillaje blanco de payaso y joyas religiosas), como ya he mencionado, no era bien vista en Chelsea, mi ciudad natal, en Massachusetts, alrededor de 1986. Recibí muchas críticas, la mayoría de ellas malsonantes, pero también experimenté los proyectiles no infrecuentes lanzados desde automóviles a toda velocidad, y tantas amenazas de patearme el trasero que parecía que ya había sucedido. A veces era difícil salir de casa sabiendo que la gente me iba a decir cosas malas y amenazadoras, pero me encantaba mi aspecto, y también sabía que esas personas eran unas malditas imbéciles. Me cardaba un poco más el pelo negro y me aplicaba una nueva capa del lápiz labial negro de la marca Elvira, típico de Halloween, pero que utilizaba todo el año, y continuaba con mi vida.

Una tarde, después de que el autobús escolar de mi deprimente instituto de secundaria regional y vocacional en el campo me hiciera eructar, me di cuenta de que me había dejado las llaves en casa y que no podía entrar. Sabía que mi madre terminaría su turno de enfermera en el Hogar de Soldados en una hora más o menos, y decidí esperar en el McDonald's de la esquina. Estaba cerca, era barato; compré una bolsa de patatas fritas y me acurruqué en una cabina con mi copia de bolsillo de *Lestat el vampiro*, que parecía haber sufrido una explosión con las páginas deshilachadas porque lo había estado leyendo en un bucle constante durante algún tiempo. Podía concentrarme en una historia que amaba tan intensamente que bloqueaba el mundo que me rodeaba: el caos televisivo en casa, los comentarios crueles en la escuela, los insultos que me lanzaban en el transporte público. Pero, esta vez, las burlas penetraron en mi pequeña burbuja de romance vampírico de Nueva Orleans. Los niños me miraban con lujuria y se burlaban de mí. Miré a mi alrededor en el «restaurante» para ver dónde estaban los padres de aquel grupo de jóvenes rufianes de diez o doce años, para poder presentar una denuncia contra su descendencia.

No es que ésa fuera una justicia garantizada: estos pequeños imbéciles tendían a aprender su xenofobia en casa, y era tan probable que un padre respaldara mi acoso como que pusiera fin a él. Pero no importaba, no había ningún padre cerca. Eran una manada de niños de Chelsea salvajes y en libertad.

Mi mirada directa y mi ceño fruncido no hicieron más que darles una mejor visión de mi elaborado maquillaje, lo que provocó más bufidos e insultos. «¿Eres satanista?», bromeó un niño, ya que estábamos en la década de 1980 y el «pánico satánico» ya había comenzado. Pero en ese momento me di cuenta de que sí, sí, por supuesto que era satanista. Me molestó tanto que ese grupo de niños no tuviera miedo de meterse conmigo, una adolescente, una adolescente potencialmente satánica, que me llegó la inspiración.

Llevaba un anillo de segunda mano con una piedra roja y gruesa engarzada. Brillaba bajo las luces fluorescentes que matan el alma. Cerré la mano en un puño y la levanté para que la joya captara la luz y se la arrojara a la cara a aquel pequeño monstruo.

«¡Soy satanista! –proclamé allí, en el McDonald›s de mi barrio–. Soy una bruja satánica. Y te maldigo por molestarme. Tu perro va a morir. Está hecho». Hice un pequeño gesto con la mano, como me imaginaba que una bruja satánica terminaría un hechizo que mataría a un perro.

No sabía si ese chico tenía perro, ¿o sí? La forma en que sus ojos se abrieron y se llenaron de pánico me confirmó que la idea que había tenido estaba dando sus frutos. Levanté mi mano cerrada como si mi anillo le estuviera disparando un rayo invisible de muerte canina.

«¡Será mejor que no lo hagas! –gritó, y de repente parecía un niño, no un agresor–. ¡Eso es horrible! ¡Será mejor que no mates a mi perro!».

«Ya está hecho», dije misteriosamente y volví a mi libro. Todos y cada uno de los miembros de aquel pequeño grupo me miraron fijamente y salieron del local de comida rápida murmurando muy alarmados.

¡Mi primer hechizo! Deseo de todo corazón no haber dañado al perro de aquel niño, ya que adoro a los niños y a todos los animales. Siempre dejo que las arañas salgan al jardín delantero de mi casa cuando las encuentro, y mi dieta es una lucha constante entre los médicos que me dicen que tengo deficiencia de nutrientes y el peso que me genera el consumo de carne. Realmente espero no haberle hecho daño al perro. Pero... Pero si el perro del niño era, digamos, muy viejo, y estaba al borde de la muerte natural, y dio su último suspiro (¡por casualidad!) esa noche, después de haber acosado a una hembra solitaria por tener un aspecto diferente de lo que le habían enseñado a pensar que debería parecer una hembra, y fue supersticioso y se mantuvo alejado de los bichos raros de todos los géneros, ahorrándoles una tendencia al acoso que, si no se controlaba, podría haber dado lugar a violencia... Bueno, pues entonces creo que ese dulce perrito estaría feliz de prestar su inevitable muerte a la causa de los inadaptados acosados de todas partes.

Bienvenida al maleficio.

Del mismo modo que hay brujas que sólo se proponen hacer el «bien» y advierten contra los males de los maleficios, también hay brujas que predican una filosofía de «si no puedes hechizar, no puedes curar», y piensan que evitar nuestro lado oscuro limita nuestro poder en general. Una de las cosas que más valoro de un camino espiritual de brujería es que no estamos sujetas a estándares de «bondad». Ninguna autoridad nos dirá jamás que hemos transgredido, que somos malas, que debemos arrepentirnos y hacer penitencia. Se nos permite observar nuestras vidas y ser nuestras propias autoridades, tomando decisiones según sea necesario. Y a veces el veredicto es que hay que detener a esa persona.

En cuanto a los argumentos en contra de los maleficios, en realidad son bastante comprensibles: hay demasiada energía mala en el mundo y las brujas no deberían conjurar más. Las brujas, al ser personas especiales y espirituales, están más bien obligadas a tomar un camino más elevado frente a cualquier mal que queramos atajar. Por último, está la infame «Regla de tres» wiccana: cualquier vibración que emitas al universo, recibirás de vuelta el triple. Es difícil discutir con estas nociones y, como bruja promaleficios, no lo haré. Si quieres vivir en amor y luz las veinticuatro horas del día, los siete días de la semana, hazlo. Para mí, una cosa que me llevó a la brujería cuando era una adolescente oprimida (aparte de la estética) fue que, a diferencia del cristianismo con el que me crie, no había presión para «poner la otra mejilla». ¡Yo no quería poner la otra mejilla! ¡Quería golpear a mis acosadores en sus mejillas! Y la brujería, al parecer, daba luz verde a tales expresiones de consecuencias y venganza.

Algunas advertencias sobre los maleficios. Creo que es una buena práctica mantener tu lado de la calle lo más limpio posible, es decir, tratar de no ser una bruja vengativa y mezquina. Si alguien no quiere estar contigo, la verdad puede lastimarte el corazón y el ego, pero nadie está obligado a estar con nadie. Imagina que alguien que no te gusta te enviara rayos castigadores porque simplemente no te atrae. Sería bastante injusto. Para mí, esa noción de justicia es lo que me guía en mis hechizos y maleficios. Si alguien está en su derecho y resulta que me siento mal porque no obtuve lo que creía que quería, bueno, mala suerte. Personalmente, no quiero molestar a la diosa pidiéndole ayuda para luchar en mis batallas más insignificantes. Ya hay suficientes batallas serias a las que nos enfrentamos como para que a cualquiera que quiera lanzar un hechizo no le falten puntos a favor.

Cuando tenía veintipocos años, una buena amiga que había ido a una fiesta me contó al día siguiente que la habían agredido. Un tipo la había seguido hasta el baño y le había metido la mano por la parte de detrás de los pantalones mientras intentaba besarla. Ella se resistió y salió del apartamento, pero la experiencia la había afectado. En aquel momento, yo había dejado de practicar la brujería y estaba destinando toda mi energía a la acción directa: protegiendo las clínicas de aborto, marchando con Queer Nation, prestando mi cuerpo a los simulacros de muerte de ACT UP... También me gustaba idear mis propias pequeñas protestas para objetivos más pequeños: interrumpir una misa en una iglesia cuyo pastor intentaba reunir a su congregación para sitiar las clínicas de salud de la mujer; provocar el caos en una tienda que había declarado específicamente que no contrataría a gays. Tenía un grupo unido de amigas enfadadas con ideas afines (en realidad, algo semejante a un aquelarre) y nos propusimos encontrar una manera de asustar a ese hombre con algunas consecuencias. Ideamos una artimaña complicada pero eficaz que permitió a una de nosotras entrar en su casa como «periodista», dejando la puerta sin llave; el resto entramos enseguida, cantando y gritando, llenando su apartamento con nuestra energía salvaje y furiosa. La acción era mitad justiciera y casi criminal: pintar con aerosol su nombre y su crimen en la acera de su casa, y también mitad venganza espiritual. Una de nosotras, una mujer alta y de pelo largo llamada Lynn Alice Liberty, pateó el colchón del hombre mientras desfilábamos por su habitación, haciendo un pequeño movimiento rápido con los ojos, la boca y las manos. «He hechizado su cama –explicó más tarde–. Nunca más tendrá una erección en ella». La miré boquiabierta, encantada. ¡No sabía que era una bruja! Realmente estamos en todas partes, reflexioné, emocionada ante la idea de combinar mi nueva pasión por la acción directa con mi duradera devoción a esta antigua práctica espiritual.

Y éste es, sobre todo, el papel que desempeñan los maleficios en mi práctica: en lugar de maldecir a los niños que podrían quedarse boquiabiertos con mi estilo, es más probable que dirija esas energías hacia los males sociopolíticos más grandes a los que nos enfrentamos. Y con sólo echar un vistazo a los medios de comunicación, sé que no soy la única. Al hojear las noticias, ¡pensaría que las brujas no hacen nada más que hechizar a los republicanos! Lo cual estaría bien. Creo que esos maleficios son una excelente manera de hacer algo con toda esa ira, estrés, aburrimiento y desesperación reprimidos que tan a menudo nos invaden cuando examinamos el panorama. No reemplazan el activismo real, por supuesto (todavía tenemos que salir a la calle y agitar nuestros carteles y, Dios nos ayude, cantar), pero es bueno hacer algo enérgico con toda la porquería cultural. Por ejemplo, ayer mismo terminé de escribir una parte de este capítulo y me preparé para una pequeña marcha y manifestación que se llevará a cabo en mi vecindario. Como en muchos lugares de Estados Unidos, mi consejo escolar local está siendo atacado por fascistas que están tan molestos por las banderas arcoíris (¿acaso hay algo más benigno que eso?) colgadas en la escuela durante el Mes del Orgullo que han comenzado a revelar información personal a los maestros, hacer acusaciones escandalosas y grotescas contra aliados *queer* y llevar banderas de «orgullo heterosexual» profundamente sombrías y gorras de MAGA cómicamente grandes a manifestaciones improvisadas. Algunos padres pro *queer* habían organizado una pequeña marcha a la reunión del consejo escolar, donde la sesión de comentarios públicos había atraído multitudes de fans durante meses. Estaba feliz de meterme allí para ayudar a aumentar los números. Las últimas veces que había sucedido esto, el contingente anti *queer* era mayor, más ruidoso y más organizado. Los fanáticos habían reclutado a personas odiosas de lugares de todo el sur de California, en su mayoría hombres, y llevaban equipos de sonido caros y tenían camionetas y camiones envueltos en mensajes de odio, y conducían por mi vecindario, e inspiraban miedo e incomodidad en los homosexuales y aliados de la ciudad. Por supuesto, yo estaría allí. Incluso estaba dispuesta a gritar (con asco) si me lo pedían: «¡El pueblo, unido, jamás será vencido!», o «¿Qué queremos? ¿Justicia? ¿Cuándo la queremos? ¡Ahora!». Si tenía suerte, simplemente tendríamos un buen y clásico «¡Vergüenza! ¡Vergüenza! ¡Vergüenza!».

La manifestación se iba a reunir en un aparcamiento frente a un supermercado Cost Plus World y luego marcharíamos juntos las cinco manzanas que nos separaban de la junta escolar. No me pasó desapercibido que un grupo de homosexuales y aliados de los suburbios de Los Ángeles se reunieran en un centro comercial, cerca del Michaels local, donde muchas reinas de las manualidades compraban sus pistolas de pegamento. Al revisar el texto que recibí sobre la acción, advertí que algunos reverendos de una iglesia cristiana moderna e inclusiva iban a hablar en la cabecera de nuestra procesión. Me pregunté cómo podría incorporar mi propia práctica espiritual a la mezcla. Por supuesto, ¡debería realizar un pequeño hechizo en mi altar antes de salir de casa!

Tenía justo lo que necesitaba: un candelabro extraño que parecía un pene, que me regaló un amigo como broma (supongo). En él encajaba perfectamente una vela votiva negra. Negra, excelente para unir energía, para absorber negatividad, para conjurar poder, para luchar. Tomé un poco de tintura de Luna Oscura elaborada por una bruja que adoro, Dori Midnight, y ungí la vela con ella. Ungir velas con aceites y tinturas que se correspondan con tus intenciones es otra manera de aumentar el poder del ritual, trayendo a algunos actores más mágicos para trabajar a favor de tu propósito. Elegí esta poción de Luna Oscura porque es secreta y poderosa, y las madres que organizaban esta marcha habían mantenido deliberadamente la información fuera de las redes sociales. La noticia se transmitió por mensajes de texto, de una aliada de confianza a otra. Pensé en las numerosas activistas que habían aparecido en las manifestaciones recientes con capuchas y máscaras, gafas de sol oscuras y sombreros anchos, esforzándose por ocultar sus identidades a los homófobos propensos al *doxeo*. Le pedí a la diosa (a Hécate, específicamente, ya que es una Reina Bruja que está dispuesta a lanzar hechizos) que protegiera a todas sus hijas y las mantuviera a salvo, que las dejara moverse en las sombras para hacer su trabajo, si era necesario. Encendí la vela y di las gracias a otras deidades que habían aparecido en lecturas de tarot recientes, a quienes les había hecho ofrendas en mi altar: ¿prestarían su pasión, esfuerzo y trabajo a esta lucha? Lo que pedía, en general, era que los *antis* fracasaran. Que no tuvieran éxito. Que hoy no estuviera a su favor y que aquellas personas que estaban del lado de los niños *queer* y trans fueran fuertes, poderosas y triunfantes. Me rocié un poco de Boundaries in a Bottle de Dori Midnight, me metí una obsidiana en el bolso para protegerme y salí de casa.

Una hora después, estaba frente al consejo escolar, rodeada de personas *queer* y sus seres queridos, todos con molinetes de arcoíris, abriendo sombrillas de arcoíris contra el sol, atándose banderas del orgullo alrededor de sus cuellos como capas de superhéroes. Los *antis*, por primera vez en meses, no estaban por ningún lado. Algunos dijeron que era porque la marcha había sido promovida al estilo Luna Oscura, de susurro en susurro; otros supusieron que, lamentablemente, se manifestaban en alguna otra comunidad esa misma noche. No compartí que una pequeña vela encendida y una súplica a algunos iconos cósmicos podrían haber ayudado, pero estaba complacida. Tanto que no sólo canté con mis compañeras, sino que lo hice junto con el predicador gay que dirigía la canción. Me quedé fuera del consejo escolar y canté «One Love» de Bob Marley con una multitud de personas que, como yo, necesitaban una victoria pacífica que hiciera que se sintieran bien.

En otras ocasiones, un hechizo puede no concederte lo que deseas, sino lo que necesitas. Una vez estuve locamente «enamorada» de una carismática Géminis. He puesto la palabra «enamorada» entre comillas porque, ¿lo estaba? ¿O, después de haber vuelto al mundo de las citas por mi recién estrenado matrimonio, estaba tan sólo inundada de sustancias químicas y mi adicción latente al sexo emergía de nuevo? De cualquier manera, estaba loca. Mi amor platónico estaba siendo acosado por una antigua ex, una *femme* que seguía apareciendo en el bar donde ella trabajaba, irradiando malas vibracioness, diciéndole cosas cortantes en los hilos de mensajes de texto grupales. Ya sabes, el drama de las veinteañeras. Yo era demasiado mayor para tener una opinión al respecto, pero estaba «enamorada», y estas cosas le estaban causando pesadillas a mi agotado amor Géminis. Como bruja, ¿podía hacer algo al respecto? Decidí atar las malas energías con las que ella estaba ensombreciendo la situación.

Aprendí sobre hechizos vinculantes de la misma manera que aprendí sobre tantas prácticas de hechizos, una mezcolanza de libros ocultistas que he leído y reseñado durante décadas. El primero fue *The Modern Witch's Spellbook*; el más reciente es la gigantesca *Encyclopedia of 5,000 Spells* de Judika Illes. También existe esa cosa llamada Internet, donde se encuentran miles de millones de recetas de hechizos e inspiración. He descubierto que si buscas, estudias y practicas durante el tiempo suficiente, cuando tienes la necesidad de un hechizo rápido, sabes exactamente qué ingredientes buscar.

El hechizo de destierro fue en realidad una actividad bastante agradable. Teníamos una relación a larga distancia y yo tenía un anhelo urgente y no sabía qué hacer; la brujería me pareció una acción muy adecuada. Comencé a buscar materiales para un polvo aglutinante clásico; raspé fósforo de las cabezas de las cerillas y, a una botella de especias llena de pimienta picante y tierra de mi jardín, le añadí sal y ajo. Desmenucé una hoja de laurel. Lo agité todo. La horrible y desagradable masa tomó forma dentro del frasco. En un trozo de papel escribí el nombre del ex de mi Géminis una y otra vez, cantando: «Ato tu energía para que no dañe a mi Géminis carismático». Cuando el papel ya estaba completo, le eché un poco del polvo y lo doblé. Fuera, en mi jardín, en la oscuridad, lo enterré.

¿La ex dejó en paz a mi Géminis? No lo sé, porque nos separamos poco después. Si bien nuestra relación tuvo algunos momentos muy buenos, en el fondo era bastante tóxica. Me gusta imaginar que el universo me está poniendo al corriente, algo así como, vale, me has convocado aquí para ayudar a esta persona por la que sientes algo, pero parece que eres tú quien necesita ayuda ahora mismo, así que cortemos este hilo. He tenido hechizos que me han salido mal antes, como cuando una compañera de trabajo y yo rociamos un poco de nuestra orina en los rincones de la oficina de un jefe particularmente horrible. En menos de un mes, afortunadamente, ambas nos habíamos ido de ese trabajo. Estoy agradecida al universo por concederme no lo que quiero, sino lo que necesito. Me gusta saber que soy libre de pedir lo que desee, sabiendo que el Espíritu, su ojo en una imagen demasiado grande para que yo lo comprenda, tomará la decisión final. De cualquier manera, es respondida una determinada plegaria.

Si deseas mantenerte lejos de los maleficios porque no te parecen bien, debes seguir esa regla. Si te parece bien maldecir y hechizar, hazlo. Intenta mantener tu lado de la calle psíquica limpio; desperdiciar la energía del universo en quejas insignificantes parece una mala dirección, especialmente cuando existen problemas más importantes que podrían necesitar tu magia. Si estás indecisa sobre si debes o no lanzar maleficios, prueba algunos de los siguientes hechizos de maleficio ligero que he ideado.

LA BOTELLA DE LA BRUJA DE MARIE LAVEAU

Seguramente conocerás a Marie Laveau, la bruja más famosa de Estados Unidos. Sacerdotisa vudú de Nueva Orleans (y, además, católica), vivió durante casi todo el siglo XIX, y habría continuado si su plan de hacer que su hija fingiera que era ella después de su muerte hubiera tenido éxito. Hablamos de una dinastía. Marie Laveau, una mujer de color libre desde su nacimiento, era descendiente de africanos esclavizados y colonizadores franceses, madre de siete hijos, peluquera y hechicera profesional que ofrecía ceremonias y servicios que incluían obstetricia, hierbas y *gris-gris* (amuletos o maldiciones) a la clientela sobre todo femenina que la visitaba en su casa de St. Ann Street, en el Barrio Francés. Los rituales del solsticio de verano que comenzó hace más de un siglo en Bayou Saint John continúan cada año y, de hecho, la ciudad aún resuena con su energía y leyenda, ya sea a través de baratijas para turistas o de las ofrendas que se dejan en su tumba en el Cementerio número 1 de Saint Louis.

Una de las cosas que me gustan del vudú es que permite lanzar maleficios, hechizar y vengarse; no puedo evitar admirar las prácticas que nos permiten ser nuestro desordenado yo humano. Digo esto incluso cuando dedico tiempo todos los días a meditar con la esperanza de elevar mi conciencia, o tal vez lo digo porque paso mucho tiempo tratando de elevar mi yo superior, sólo para encontrarme acosada por emociones familiares y mezquinas. A veces, descubro que la clave reside en complacer esos sentimientos, pedirle al universo que te ayude a encontrar algo de responsabilidad cuando su ausencia te está volviendo loca. Y así, he elaborado un hechizo de Botella de Bruja en honor a Marie Laveau, quien estoy segura de que repartió tantas maldiciones como bendiciones durante su tiempo en la Tierra.

Ahora bien, este hechizo desagradable es para cuando alguien realmente necesita que la mala suerte se dirija hacia alguna persona. Confío en que lo utilizarás sólo para aquellos humanos cuyas malas intenciones necesiten ser frustradas con urgencia. Es un hechizo tan retorcido que espero que sólo las brujas más enfadadas y vengativas lo prueben, ¡y sólo puedo imaginar que tienen sus razones! Lo primero que necesitas es una botella. Me gusta el vidrio, ¿a ti no? Sin embargo, si quieres darle una segunda vida maléfica a una botella de plástico de un solo uso, diría que estarías haciendo algo bueno. Ahora, primero, debes orinar en la botella. No la llenes de pis, yo diría que sólo como una octava o una cuarta parte. Antes de orinar, ponte realmente nerviosa hasta alcanzar un estado de venganza. Algo así como lo opuesto a la meditación. Llénate de rabia y enojo justos, y luego orina toda esa furia en tu botella. A continuación, añade algunas especias: chile, pimentón, pimientas de todo tipo, jengibre. Si tienes un trozo de jengibre o granos de pimienta, introdúcelos en su interior. Añade un chorrito de jugo de limón a la botella. A continuación, déjala en la zona de tu némesis. Si quieres ser muy astuta, haz todo esto en miniatura, en unas botellas artesanales que puedes conseguir en algún almacén o tienda, y luego déjala en el bolso o en el bolsillo de tu objetivo, en su casa o en la oficina. ¡Adelante, maniaca! También puedes intentar enterrarla en su propiedad, o lo más cerca que puedas de su propiedad. ¿Lanzarla entre sus arbustos? Claro, sólo acércala y sé todo lo atrevida que puedas. Luego, dirígete a tu casa y date un baño agradable y relajante, e intenta dejar ir todas esas emociones calientes y pesadas. Has hecho lo que has podido, ahora déjalo ir. Libera tu conexión energética con ese idiota y observa cómo se va por el desagüe con el agua sucia de tu baño cuando hayas terminado.

LA TABLILLA HEXAGONAL DE HÉCATE

¿Sabías que los arqueólogos han encontrado antiguos hechizos maléficos en ruinas griegas? Algunos son complejos, como la jarra de barro que se halló cerca del ágora de Atenas, rellena de huesos de pollo y atravesada por un clavo; otros, como el que se encontró en la boca de un pozo en el centro de Atenas, es simplemente una losa de plomo que maldice la vagina de una novia recién casada y muy envidiada. Si te gusta la cerámica y la alfarería y deseas modelar una jarra de maldición a medida para rellenarla con los restos del asado de la noche anterior, te admiro. El resto haremos una losa enfadada.

Nuestra tablilla de maldición constará de sal, que es mucho mejor que el plomo, por la razón obvia de que nadie se envenenará, así como de las propiedades mágicas adicionales que la sal conferirá a la losa. Toma una taza de harina, media taza de sal de mesa y media taza de agua. Mezcla todo hasta que obtengas una textura agradable y suave, luego estira la masa con un rodillo. Utiliza un objeto afilado (un alfiler, un abrecartas o un cúter) para tallar tu maldición en la masa húmeda. Pronuncia nombres (¡pero no el tuyo!). Pide lo que te gustaría que sucediera.

La masa de sal puede tardar hasta siete días en secarse, así que déjala en un lugar privado donde nadie pueda descubrirla ni tocarla. Una vez que se haya endurecido, llévala a un lugar que contenga agua o a un cementerio; éstos son los dos sitios donde a las brujas griegas y romanas antiguas les gustaba esconder sus tablillas de maldición. En un cementerio atraerá a los espíritus de los muertos, que están entusiasmados por atacar a los vivos que desperdician sus preciosas vidas humanas haciendo que este lugar sea miserable para el resto de nosotros. Habla en voz alta y pregunta a los espíritus que estén rondando por allí si les importaría hacerte un favor y ayudarte a maldecir a un bicho raro. Lo mismo ocurre con el agua. Existe una antigua creencia de que los espíritus se desplazan a través del agua, así que, una vez más, si dejas caer tu maleficio en un río o en un embalse, comprueba si hay alguien cerca y dispuesto a hacer lo que le pidas. No olvides darle las gracias.

CUENCO DE MALDICIÓN CELTA

Quizá sepas que las entradas de muchas iglesias tienen pequeñas pilas de piedra llenas de agua bendita para que los feligreses se persignen antes de entrar. Probablemente no te sorprenda demasiado saber que se trata de una tradición pagana celta, una variación de los cuencos de piedra conocidos como *bullauns*. Los *bullauns* pueden ser grandes rocas o piedras que caben en tu bolsillo, pero lo que hace que un *bullaun* sea un *bullaun* es que la roca tiene una hendidura en su superficie que forma una pequeña taza o cuenco capaz de contener un poco de agua (y los *bullauns* más grandes también pueden contener piedras en su curva). En la antigüedad, los *bullauns* podían utilizarse para lanzar maleficios, pero sólo si la maldición estaba verdaderamente justificada y era pura. ¡Aquí no se maldice la vagina de una rival!

Para encontrar un *bullaun*, dirígete a la orilla de un río o a una parte rocosa de la tierra y busca. Puede que no encuentres nada, pero si lo haces, ¿no te sentirás afortunada? Para aquellas brujas de ciudad que en realidad no saben dónde encontrar un poco de naturaleza rocosa (te entiendo, hermana), crea un *bullaun* falso con un poco de arcilla que se seque al aire y un poco de resina epoxi líquida (ten cuidado de no comprar accidentalmente resina que requiera un secado con luz ultravioleta, a menos que seas una especie de profesional de las resinas).

- Modela tu bola de arcilla de secado al aire (que puedes encontrar en una tienda de manualidades o en Internet) hasta obtener una forma en cierto sentido orgánica, similar a una roca.
- A continuación, practica una hendidura profunda. Al igual que la masa de sal, la arcilla que se seca al aire puede tardar hasta una semana en secarse. Sigue examinándola hasta que ya no esté húmeda al tacto.
- Cuando el cuenco esté listo, toma la resina epoxi líquida, una sustancia de dos componentes que tendrás que mezclar, y viértela sobre el *bullaun*. Asegúrate de no llenar la hendidura con la resina; está bien si se acumula un poco, pero debes dejar espacio para el agua profana. La resina tardará aproximadamente un día en secarse.

Ahora tienes tu *bullaun* antinatural hecho en casa, que tal vez resulte aún más poderoso por el tiempo que has dedicado a hacerlo. En este sentido, considera la construcción de tu *bullaun* como un ritual: enciende velas, quema cosas que huelan misteriosamente, establece intenciones. Si bien los *bullaun* son excelentes para maldiciones (honestas y justas), también son útiles para bendiciones, y la filosofía del *bullaun* considera que el trabajo mágico que se realiza con él son dos caras de la misma moneda. Entonces, tu *bullaun* está listo y estás preparada para enviar algunas malas vibraciones para arruinarle el día a alguien. Tradicionalmente, se recomienda ayunar antes de trabajar con un *bullaun* y dejar ofrendas para los espíritus. Creo que a los espíritus siempre les encantan las cosas dulces, por lo que la miel y el azúcar pueden ser ideales, y existen tradiciones que también ofrecen cigarrillos y alcohol. Si tienes una idea de a quién le estás pidiendo ayuda (una deidad o un antepasado específico), adapta tu ofrenda en consecuencia. Si es más abierto, simplemente deja algo dulce o bonito, como una fruta hermosa o una flor.

Llena el *bullaun* con agua. Sostenlo en tu mano o sobre tu altar (o en el suelo, si estás al aire libre), gíralo tres veces en sentido contrario a las agujas del reloj y di en voz alta a quién estás maldiciendo y por qué, y qué te gustaría que sucediera. Dirígete a la persona a la que le estás pidiendo ayuda mágica. Si te gustaría usar el *bullaun* para bendecir, ayuna y presenta una ofrenda, y gira la piedra en el sentido de las agujas del reloj mientras dices en voz alta el nombre de la persona para la que estás pidiendo bendiciones, por qué y cómo. Se dice que el agua de lluvia que se acumula en el hueco de un *bullaun* es excelente para curar; sólo asegúrate, si estás trabajando con un *bullaun* de resina epoxi, de no ingerir el agua. Reutilízala para rociar, adornar velas o algún otro propósito.

9

Interludio: ¿qué estamos haciendo?

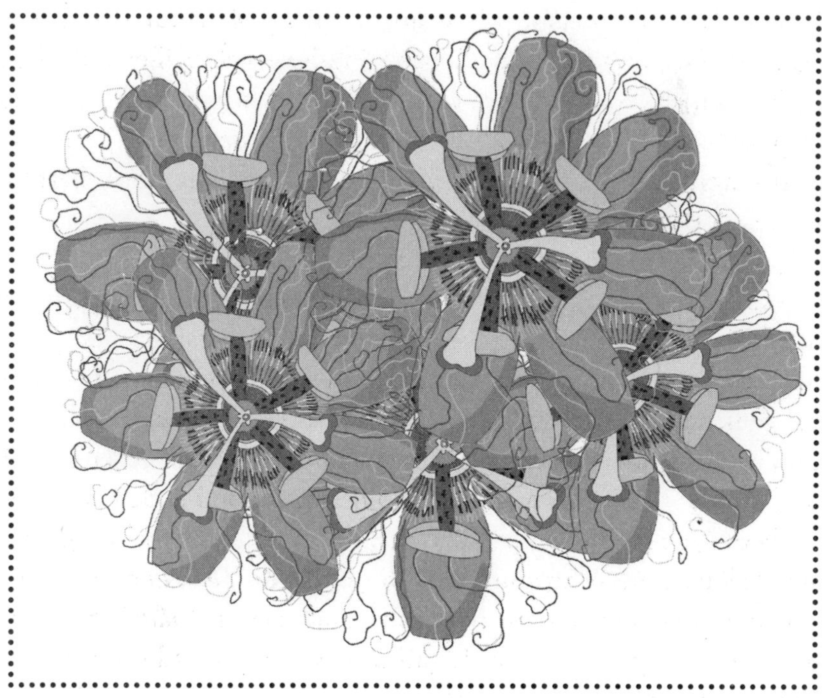

Algo sucede cuando eres una buscadora mística. Realizas tus meditaciones para sentir que los pensamientos tontos se entrometen, una y otra vez, y chocan con tus intentos de vacuidad. Te detienes ante tu altar, realizas un ritual y no obtienes lo que le pedías al universo. Estableces intenciones para que la mejor parte de tu psique salga a la luz, sólo para descubrirte espiando a tu ex en Internet, diciendo tonterías, o complaciendo cualquier compulsión de baja vibración que estabas rogando al cosmos que erradicara. ¿Qué se supone que debemos esperar de este camino? Este fenómeno es importante, porque a menudo parece que no sucede nada.

A veces, cuando me siento decepcionada con mis prácticas, me pregunto: «Bueno, ¿qué esperaba realmente que sucediera?», y me doy cuenta de que quiero sentirme bien. Y, aunque hacer ejercicios de respiración a veces me hace sentir bien, si quieres sentirte bien, tienes que tomar drogas. ¿Y por qué recurro a mi práctica mágica para experimentar eso? Para obtener un alivio temporal de mi humanidad obstinada y terrenal, claro. Bueno, meditar y hacer rituales no me va a hacer sentir bien y no me va a convertir en un hada. Qué fastidio.

No obstante, existe un efecto positivo acumulativo, aunque fastidiosamente glacial, en mi personalidad, en mi capacidad de alcanzar la felicidad o la serenidad, y mi favorito, en una visión más frecuente del panorama general. Estos destellos suelen aparecer y desaparecer en un instante, pero me dejan con la noción de que este mundo (el cuerpo en el que estoy, el plano en el que existo, la forma en que percibo y analizo mi vida) no es todo lo que hay.

Tengo en mi espíritu una especie de bolsa de hechizos áuricos que no contiene rocas ni hierbas, sino recuerdos, pequeñas ideas que he obtenido al perseguir mi interés por las cosas místicas. Vuelvo a ellas cuando me siento perdida o un poco desganada, como si nada tuviera una razón o una sincronización, ni mis elecciones ni mis circunstancias, ni mis esfuerzos ni mi naturaleza. «¿Cuál es el sentido?» es una pregunta humana bastante común, y al trabajar con magia, estudiar tradiciones y permitirme creer en cosas invisibles, he encontrado una bolsa de respuestas que no responden exactamente a esas preguntas sin respuestas, pero sí transforman la actitud de las preguntas de la agitación al asombro. ¿Cuál es el sentido, en realidad? ¡Pensemos en ello! Siempre que soy consciente de que me tomo las cosas demasiado en serio, de que me siento triste porque mi «carrera» no está en un lugar diferente en la jerarquía de carreras, triste por no haber dominado al capitalismo, ansiosa por pensar en la fatalidad inminente de todos, me gusta preguntarme: «¿Qué pasaría si todo fuera exactamente como debe ser?».

Desde mi cuerpo blanco y seguro, sentada en una casa, con un plato de comida deliciosa delante, me resulta bastante fácil reflexionar sobre este tema. Sin duda, esta idea de que todo tiene que ser así ha sido objeto de abuso por parte de personas con las que tengo privilegios en común. Hay muchos pensadores actuales que han tomado esta idea y la han utilizado para culpar a las víctimas, defender sistemas de violencia y validar atrocidades. Vivimos en un mundo que necesita con desesperación un cambio: hay que erradicar el racismo, hay que redistribuir la riqueza y los individuos tienen que rendir cuentas por sus acciones, a menudo atroces. No creo que las personas pobres, negras, *queer* y discapacitadas de este mundo estén destinadas a sufrir tanto, como tampoco creo que las personas ricas, blancas, cisgénero y sin discapacidades que acaparan la mayor parte de los recursos de la Tierra estén destinadas a sufrir tan poco. Entonces, ¿cómo conciliar esta fe de que todo es como debería ser con el conocimiento de que las cosas tienen que cambiar y que estamos destinados a ser agentes de ese cambio?

Todo el mundo ha oído hablar de esa molesta cita de F. Scott Fitzgerald sobre la «inteligencia de primera clase» como la «capacidad de mantener dos ideas opuestas en la mente al mismo tiempo y aun así conservar la capacidad de funcionar». No quiero que F. Scott Fitzgerald ni ningún otro me explique la inteligencia como un hombre, y preferiría mucho más saber qué pensaba su salvaje esposa, Zelda, sobre lo que era un indicador de una inteligencia «de primera clase». Pero hay algo en ser capaz de sentarse con dos ideas muy difíciles y dolorosamente opuestas: esta realidad es como debería ser y esta realidad necesita cambiar. Escuchemos a otro escritor, este negro y *queer*, Rumi, y la frase de su poema «Un gran carro»: «Más allá de las ideas de maldad y bondad, / hay un campo. Te encontraré allí». Esto se repite mucho en Internet y no sé si tiene la intención de sugerir que todos encontremos a alguien diametralmente opuesto en nuestras vidas y vayamos a tomar una copa con él a un parque. Parte de mi práctica espiritual y política es no intentar hacer entrar en razón a la gente que lucha contra el aborto legal y seguro, ni aceptar estar en desacuerdo con gente cuya respuesta a las personas negras que se levantan en el dolor es «Todas las vidas importan». No. El veredicto ya ha sido emitido sobre si esta vida que estoy viviendo es una de una infinidad de vidas, o simplemente mi única y valiosa vida, pero no voy a desperdiciar la arena que me queda en la parte superior de mi reloj de arena para golpearme la cabeza contra esas paredes de cristal. Lo que saco de ello es que el universo está mucho más allá de la comprensión de las herramientas que me dieron para entenderlo. No comprendo cómo este lugar puede ser tan hermoso y tan cruel; no entiendo cómo las cosas más terribles que puedo imaginar han sucedido realmente a personas reales y aun así este lugar tiene valor y significado. A lo que llego con esto es: no necesito comprenderlo. Está más allá de mí. Sólo tengo que aceptarlo.

La aceptación puede parecer perdón, algo que me parece totalmente sobrevalorado en las comunidades espirituales. La idea de que aferrarse al dolor y a la ira es algo tóxico y la afirmación de que la curación no puede ocurrir a menos que dejemos de lado nuestros rencores son tan exasperantes para mí como la afirmación de que después de la muerte todos flotamos hacia el cielo para ser juzgados por un grupo de hombres blancos. ¡Absurdo! La curación es individual y misteriosa, y casi con certeza no se ve ni se siente como podríamos pensar que debería ser. La ira se experimenta bastante mal, es cierto, pero ¿por qué pensamos que no se supone que debamos sentirnos mal aquí abajo? En mi vida, he escuchado a personas decirme que la ira sagrada y autoprotectora que sentí hacia un abusador era tóxica, por parte de personas que prefirieron fingir que el abuso nunca ocurrió y se sintieron incómodas por el recordatorio de su propia complicidad. He escuchado a personas que me traicionaron al afirmar que hasta que dejara de sentirme mal por eso no me sentiré bien. Hay una lógica estúpida en eso: claro, supongo que no me sentiré mejor mientras me sienta mal, pero simplemente mantendré en mi cabeza un par de pensamientos opuestos y me sentiré bien por permitirme sentirme mal por haber sido tratada mal por alguien en quien confiaba. He terminado elevando la afirmación «no sé» frente a una expresión sagrada, una oración, en realidad, tal vez incluso al núcleo de mi práctica espiritual. Es una aceptación cósmica del misterio en todas sus expresiones desconcertantes, ya sea el diseño estrafalario de una pasionaria (¡esas cosas son tan locas que podría mirarlas durante días!) o el enigma perdurable de por qué tantos humanos dedican sus vidas a luchar en contra de otros humanos.

En el interior de ese «no sé», pueden aparecer pequeños destellos sobre la naturaleza de la realidad. Una vez, cuando tenía veintitantos años y leía mucha literatura mística, siempre sintiéndome a punto de saber algo pero sin entenderlo realmente, me lavé las manos en el lavabo. El chorro de agua era tan claro que parecía casi sólido, como una cosa, no líquido en movimiento. Puse mis manos bajo el chorro, que se rompió en docenas de gotas. «Ésos somos nosotros», pensé, y un momento de claridad me golpeó. Somos la masa de agua, juntos, y somos las gotas individuales. Por esa misma época –un momento místicamente fructífero– caminaba por el centro de San Francisco, una zona que estaba repleta de gente: empresarios y personas sin hogar, punks y patinadores que andaban a la intemperie, monjes con túnicas y policías en bicicleta. Y pensé: «Tenemos cuerpos para poder experimentar la particularidad de todo lo que es en lugar de serlo». Como la mayoría de los pensamientos místicos, tuvo un cierto sentido revelador en mi cuerpo, pero cuando lo pronuncias en voz alta suena como a chorrada de drogadicto. Aun así, siento que vale la pena el intento. De repente entendí, aunque sea un poco, el concepto budista de «no ser». Me llamé Michelle y tuve muchos pensamientos sobre mí misma (en realidad, un flujo aparentemente imparable e interminable), y tenía un aspecto determinado y creía que la fisicalidad también es esta cosa, Michelle, pero en realidad soy un fragmento de un universo destrozado en un montón de pedazos diferenciados.

No soy Michelle. Y mi vida puede tener un sentido limitado, como un hilo solitario, pero realmente tiene sentido cuando me uno a todo lo que es incognoscible, a la gigantesca totalidad del universo.

No puedo dejar de pensar en eso y me ha traído un extraño consuelo. A veces veo a una persona que parece horrible. A todos nos pasa, ¿no? Si vemos las noticias o escuchamos pódcasts sobre asesinatos o incluso simplemente coexistimos entre humanos, nos enfrentamos a la existencia de personas que son simplemente horribles. Pienso en ellas como un fragmento en particular de las múltiples y misteriosas energías del universo. Tal vez sería muy diferente si todos fuéramos uno, todas nuestras energías diferenciadas superponiéndose y fusionándose. Tal vez en algún otro reino sea así y lo sintamos como un orgasmo constante y extraño. Pero aquí soy sólo esto y mi propósito en esta vida es experimentar lo que es ser este fragmento particular del todo, esta combinación en especial de energías. Y presenciar desde fuera lo que pueden ser las otras combinaciones de energías, y pensar que el universo es un lugar grandioso y terrible donde todo lo que puede existir, existe.

Una vez, en un avión (yo tengo muchos pensamientos místicos en los aviones. ¿Y tú?), miré a todos los humanos a mi alrededor y me imaginé que éramos dedos en un guante. Individuos, pero no individuales; una revelación que me permitió ver nuestra conexión perfecta. Desde entonces, he evocado de una manera diferente un poco de ese amor cósmico e incondicional cuando estoy en público: miro a un extraño y me imagino caminando junto a él, con mi brazo alrededor de su cuello o cintura, como un querido amigo. Me llena de una sensación amistosa y desafía cualquier aversión que pueda haber sentido hacia la persona, consciente o inconsciente. Como muchos estadounidenses blancos, mi primera introducción al budismo fue a través de los escritos de la monja budista blanca estadounidense Pema Chödrön. «Abandona tus preferencias» fue una de sus lecciones; deja de lado la historia. Chödrön aprendió este concepto de su propio maestro, el fascinante y controvertido Chögyam Trungpa, cuyo clásico, *Más allá del materialis-*

mo espiritual, es una advertencia sobre cómo las prácticas espirituales, como todo lo demás en la vida, pueden ser utilizadas como armas por nuestros egos sigilosos si no somos conscientes. «Podemos permitirnos el lujo de renunciar a esa cualidad neurótica cruda y áspera del yo, y salir de la fascinación, de las ideas preconcebidas», escribe.

Es una práctica muy poderosa, ya que la mayoría de las veces sentimos que no somos nada más que nuestras preferencias e historias, nuestras ideas preconcebidas. Pero cuando quiero vislumbrar esa parte de mí que no es Michelle, ese aspecto de mi mente que ve más allá de este fragmento de mí hacia la visión más grandiosa de nosotros, me ayuda a dejar de lado mis preferencias e historias, especialmente cuando se trata de otros seres humanos.

Espera. Has comprado un libro sobre brujería, algo sobre lo que estoy más o menos cualificada para escribir y ahora te llega todo este budismo, algo sobre lo que admito que no estoy cualificada para escribir. Pero he imaginado este trabajo como una investigación sobre cómo es mi práctica mágica solitaria y, en mi caso, está muy influenciada por los conocimientos mágicos que recibí gracias a mis incursiones en esa práctica. Informa en gran medida sobre el tipo de bruja que soy, los pensamientos de bruja que tengo y los rituales que hago. Sobre todo, me ha proporcionado una enorme fe en el universo, en que hay mucho más de lo que puedo ver y en que existe bondad en él, una bondad en la que puedo confiar y trabajar para que crezca en mi interior. Una vez, mientras volábamos (¡otra vez un avión!), comenzamos a experimentar turbulencias. Cuando el avión empezó a temblar y a rebotar, sentí de inmediato una punzada de pánico y empecé a reaccionar como siempre hago, tensándome, rezando mentalmente con un latido de tristeza porque estaba claro que iba a morir. Pero entonces se me ocurrió algo. Surgió de mi inmersión en el budismo, de pensar en el tiempo, de la atención plena, del AHORA. Si el tiempo era una ilusión y todo lo que realmente existe es el ahora, y ahora mismo estoy bien, no me estoy muriendo, no estoy muerta, ¿no podría simplemente permanecer tranquila y despierta en el ahora, con independencia de los fenómenos que me trajera? Respiré hondo, temblorosa. Abrí los ojos. El avión seguía retumbando. Ahora estaba bien, viva. Y ahora. Y ahora. En algún momento eso cambiará: ¿cómo sentiré el ahora entonces? En lugar de tener miedo, sentí curiosidad. Por un momento, la muerte no me dio miedo; en cambio, la sentí realmente como una especie de entrada, un cambio de escenario masivo, un misterio total pero del que podía ser consciente y al que me enfrentaría con los ojos abiertos.

Todo esto proyecta una sombra interesante en mi práctica mágica y ha hecho que la meditación forme parte de ésta. Esa parte de mí que sabe que lleva un traje de Michelle Tea y que desempeña un papel particular en el espacio-tiempo. Es a quien trato de localizar cuando hago magia. Si deseo algo con tanta fuerza que quiero lanzar un hechizo para cumplirlo, pienso en lo que sucedería si dejara de lado mis preferencias, y veo cómo eso cambia mis intenciones. Casi siempre sigo haciendo el hechizo (hacer hechizos activa una parte particular de mí que se siente bien y me ayuda a hablar con el Espíritu), pero tal vez se vuelve un poco más vago. Quizá no necesite que ese productor compre mi idea para un programa de televisión, y tal vez sólo precise pedir que mi vida siga siendo próspera y aventurera. He aprendido a mantenerme abierta y a confiar en que el universo completará los detalles mejor de lo que podría hacerlo yo.

Probablemente hayas notado lo que parecen contradicciones en este capítulo. No estoy abierta a extender una rama de olivo a las personas que, por ejemplo, protestan contra las bibliotecas que albergan sesiones de cuentos de *drag queens*. También tengo prácticas que provocan sentimientos de amor incondicional hacia los humanos. Si mi resumen cósmico es «no sé», entonces mi acción cósmica es «ambos / y». El universo es literalmente todo, y eso es mucho para que mi insignificante y glorificado cerebro de mono lo comprenda. Por suerte, no tengo que descifrar nada para tener una práctica espiritual sólida. Puedo pronunciar oraciones de agradecimiento por todo mientras enciendo mis velas de devoción; puedo decir en mis oraciones «No lo entiendo» cuando me entero de algo doloroso y me permito sentir pena. Puedo decir «No lo entiendo» en mis oraciones cuando me entero de algo maravilloso y me permito sentir alegría. En el tarot, la Suma Sacerdotisa se sienta, tranquila, entre dos columnas, una negra y otra blanca, que representan la dualidad, el «ambos / y» de la vida en la Tierra. Gran parte del tarot y de los antiguos escritos esotéricos hablan de dualidad, muchos de manera torpe, reducida a cosas como «masculino» o «femenino».

Una vez más, nuestros gloriosos cerebros de mono sólo están equipados para comprender hasta cierto punto. Mientras esté aquí, este pequeño fragmento del universo hecho carne, buscaré todo lo que pueda hasta que vuelva a la unidad, donde tal vez no todas mis preguntas serán respondidas, sino más bien conocidas.

RITUAL PARA INTENSIFICAR LA CONCIENCIA

Pregúntale al universo cuántos días o noches debes hacer este ritual mientras tomas un mazo del tarot o de cartas y barajas. El valor numérico de la carta es tu respuesta.

Coloca una o varias velas en tu altar: los tonos violeta e índigo son buenos, lo mismo que el blanco o el negro, el plateado o el dorado. Hay muchos cristales que son pequeños ayudantes geniales para expandir la conciencia: todas las formas de cuarzo, amatista, calcita, fluorita y madera petrificada son fáciles de encontrar y bastante asequibles. Si eres de las que no quiere gastar, la moldavita tiene mucho poder. También puedes trabajar con cobre, que amplifica los poderes de cualquier cristal que esté cerca.

Si hay un abedul o un roble en la zona donde vives, toma una ramita o una hoja. De lo contrario, coge un poco de mejorana del especiero. A mí me gusta hacer una ofrenda con esa hierba en mi altar y preparar una infusión, aunque tenga un sabor un poco extraño. La gardenia y el loto también son útiles, tanto si tienes acceso a pétalos reales o tal vez sólo a un poco de aceite.

Quema incienso. Si tienes un perro como mascota, permite que te acompañe. Si tienes una pluma de búho o de cuervo, colócala en tu altar. Si existe una deidad con la que te conectas que gobierna sobre el pensamiento superior, la iluminación y/o la muerte, hazle una ofrenda. Ahora, medita.

Me gusta sostener piedras en la mano cuando practico este tipo de meditación. También configuro un temporizador desde una aplicación de meditación, así que salgo de mi trance con algo más agradable que un pitido maníaco. Prepárate, ponte cómoda y simplemente respira. Trata de detectar una sensación, un poco de energía en la coronilla.

Todos tenemos vórtices de energía que recubren nuestros cuerpos áuricos; los místicos indios comenzaron a trabajar con ellos hace más de 3000 años y los llamaron chakras. Si bien la tradición hindú contiene la mayor parte del conocimiento sobre esta increíble parte de nuestro ser, no es mi tradición, y ha sido bastante corrompida por occidentales blancos como yo que se aferran a sólo una parte de lo que es una práctica vasta, complicada y entrelazada. No quiero apropiarme de la comprensión hindú de estos vórtices, ni quiero ignorar el hecho de que esta enorme contribución al misticismo es el trabajo de millones de buscadores indios. Digo esto y también que puedo sentir el remolino en la parte superior de mi cráneo cuando dirijo mi atención a ello durante la meditación, y creo que es un lugar donde puedo recibir energía divina. Rayos del universo, descargas acuarianas del espacio, tal vez sólo ondas energéticas que están a nuestro alrededor todo el tiempo, pero podemos sentirlas y ser más conscientes al llamarlas a través de este vórtice.

Así que hazlo. Siéntate y medita. Te enojarás: tu cerebro es una máquina que produce pensamientos y seguirá haciendo su trabajo, bombeará pequeños pensamientos estúpidos a tu conciencia. Simplemente ignóralos y trata de no darles demasiada importancia. Cuando este proceso se realiza con regularidad, te proporciona una idea bastante clara de la naturaleza de tus pensamientos, es decir, debes ignorar la mayoría. Por supuesto, es probable que también tengas algunos pensamientos más significativos al meditar, así que ten a mano un diario para cuando salgas de la meditación.

Meditar, simplemente respirar. Sentir la energía en la coronilla y respirar hacia ella. Confía en que tu intención de volverte más consciente de la realidad, sea lo que sea lo que signifique para ti, no tiene que ser vocalizada o encerrada en palabras para ser conocida, porque estás encarnando esta intención, tus acciones son la intención. Ser más consciente del flujo de la vida a tu alrededor, ser más consciente de las sincronicidades, estar más abierta y disponible al flujo de la vida a tu alrededor en todo su esplendor y monstruosidad, dedicarte a estar viva y a sentir curiosidad por todo lo que no podemos ver completamente con nuestros sentidos físicos. Permanece sentada tanto tiempo como quieras. Por lo general, yo intento estar 15 minutos. Y repite como aconseja el tarot. Hablando del tarot… el estado de mayor intensidad en el que estarás después de la meditación es genial para leer las cartas.

MEDITACIÓN DEL ANTEPASADO ELEGIDO: COOKIE

El objetivo de esta lectura y meditación es establecer contacto con un antepasado. Todos conocemos la idea de que nuestros antepasados de ADN están a nuestro alrededor, esperando a que los llamemos para guiarnos en esta vida. A mí también me gusta esa idea, y creo que mi abuelo y tal vez mi abuela han estado conmigo. Pero aunque adoro a mi familia de origen, como persona *queer* y en general inadaptada, siempre he recurrido a miembros ajenos a mi familia (artistas, leyendas e iconos de la historia con los que he sentido afinidad) como inspiración y una forma de ubicarme en el espacio-tiempo. Si podemos tener una familia elegida en nuestras vidas, ¿por qué no antepasados de nuestro agrado? A menudo reflexiono sobre las vidas audaces e increíbles de las personas *queer* y feministas que me precedieron; pueden ser de gran ayuda cuando los problemas de mi propio lugar y tiempo son tan sofocantes que mi propio espíritu se desploma. Situar mi humilde vida en un continuo con estos genios, reconocer que, por más duras que parezcan las cosas, ellos lo pasaron peor y que fue su trabajo lo que hizo que mi propia experiencia fuera relativamente tranquila pone las cosas en perspectiva. También desencadena gratitud y un sentimiento de ser amada. ¿No estarían muy felices estos antepasados *queer* y feministas de ver cómo prospero? Además, ¡Dios mío, prospero! Gracias, antepasados.

Como parte de un taller que dirigí una vez, yo, junto con un grupo de personas de Zoomfull, me propuse localizar a la persona que me gustaría que fuera mi antepasado y solicitarle con respeto que caminara conmigo en la vida. Algunos participantes no sabían a quién querían preguntar, así que recurrieron a Internet en busca de personas de la historia que compartieran algunas de las características de sus identidades interseccionales: poetas *queer*, anarquistas feministas, etc. Yo misma me sentí atraída, en lo más profundo de mi ser, por Cookie Mueller, la actriz, escritora y aventurera que protagonizó las primeras películas de John Waters y cuya autoficción y consejos para consumidores de drogas publicó en *Caminar por aguas cristalinas en una piscina pintada de negro*. Elegí a Cookie porque era *queer*, ya que había tenido relaciones importantes tanto con lesbianas como con hombres heterosexuales. Era madre. Pasó un tiempo considerable en Provincetown, un lugar con el que también siento una conexión. Era Piscis, y mi cumpleaños cae el día en que el sol se mueve de Acuario a ese signo de agua. Era salvaje, verdaderamente salvaje, en una época en la que ser una mujer aventurera y temeraria era mucho más difícil y castigador. Se drogaba, hacía autostop, se enamoraba, le rompían el corazón, daba a luz, hacía arte icónico y escribía sobre todo eso. Y era una bruja, por supuesto, siempre con un cristal en el bolso y una compasión tan mística que una vez lloró en el Acuario de Nueva Inglaterra después de oír a unos habitantes de Massachusetts hablar mal de un pulpo. Consumidora de drogas intravenosas, murió de VIH en la década de 1980; su muerte fue documentada por su amiga, la fotógrafa Nan Goldin. Cookie fue una creadora de arte icónica incluso una vez hubo fallecido.

Lo primero que hice fue meditar. Le pedí al espíritu de Cookie Mueller que se conectara conmigo. Puedes hacer lo mismo con el antepasado que elijas. Hice esta meditación sentada, en mi escritorio, porque quería escribir enseguida toda la información que recibiera, los mensajes, los fragmentos de comunicación… Tienes que confiar en ti misma, en que los mensajes que estás recibiendo son reales. Pensé que me resultaría más difícil de lo que realmente fue. Cuando me tranquilicé y me concentré, sentí que Cookie Mueller entraba con fuerza. Inmediatamente me hizo llorar. Sentí una gran tristeza en ella, lo cual me sorprendió. Aunque, por supuesto, ella sentía pena, la considero una criatura alegre, pero ella también quería que se conociera su tristeza. Sentí que estaba triste porque la habían considerado una «mala madre». Tomó muchas decisiones de crianza que yo, y muchos padres, no tomaríamos; decisiones que tiendo a juzgar, para ser honesta, aunque nunca lo hice en el caso de Cookie. Ella recibió el tipo de consideración que suelo dar a los artistas y leyendas que admiro: vivía en otro nivel. Su arte y su inspiración eterna lo justifican. En mi meditación, sentí su tristeza por ser juzgada y el poder de su amor por su hijo. Sostuve ese amor y lo honré, porque es el mismo amor que siento por mi hijo. Me resultó familiar; incluso la forma en que estaba mezclado con tristeza me resultó cercana. Sentí la energía de Cookie a mi alrededor y la inhalé durante un rato mientras tomaba notas, pero sin perder nunca la conexión.

Luego hice, y tú harás, una lectura de tarot. Baraja las cartas y pregúntale a tu espíritu si quiere ser uno de tus antepasados, un espíritu que esté disponible para acudir en tu ayuda psíquica y emocional para cuidarte en este plano desde el más allá. Luego, coloca las cartas:

Carta 1: ¿Por qué quieres trabajar con este espíritu?
Carta 2: Pensamientos iniciales del espíritu sobre esta solicitud.
Carta 3: Lo que debes saber sobre este espíritu.
Carta 4: Lo que este espíritu debería saber sobre ti.
Carta 5: Cómo este espíritu podría ayudarte.
Carta 6: Cómo podrías ayudar a este espíritu.
Carta 7: Tu respuesta.

Me sorprendió lo malhumoradas que eran las respuestas de Cookie. Una vez más, todo el mundo tiene estados de ánimo, pero la considero un alma amable. Aprecié la plenitud de su espíritu que se transmitía. Obtuve mucha energía del «¿Por mí?» de la lectura, no de una manera humilde, sino más bien como un «¿Por qué me molestas con esto?». Al principio no estaba segura de querer hacerlo, tenía curiosidad, pero tampoco quería que la agobiara. No recuerdo todas las cartas específicas, pero una era la carta de la Lujuria del tarot de Thoth. Es una carta que realmente se alinea con la forma en que considero su energía: un feroz deseo de vivir. A Cookie le encantaba ser humana. Aunque no hay duda de que muchas personas invocan sus habilidades ancestrales como familia real, así como más personas que, como yo, la buscan como nuestra elegida, estaría dispuesta a hacerlo si puedo traer más de ese apasionado y humano deseo de vivir en su camino, de esa energía ardiente de la que se alimentaba su luna en Aries.

Es una tarea difícil, mi vida hoy en día está más orientada a compartir mi vehículo con alumnos de tercer grado que a hacer autostop por todo el país, pero el desafío de hacer que mi vida sea digna de Cookie fue el primer regalo que me ofreció.

Mantengo a Cookie en todas mis meditaciones y le hago ofrendas en mi altar. La invoco especialmente como madre, porque era una madre poderosa. Una buena madre. Tu relación con el antepasado que elijas encontrará su propia expresión; simplemente sé consciente de ello en tus trabajos mágicos y a lo largo del día.

10

Soñar es gratis

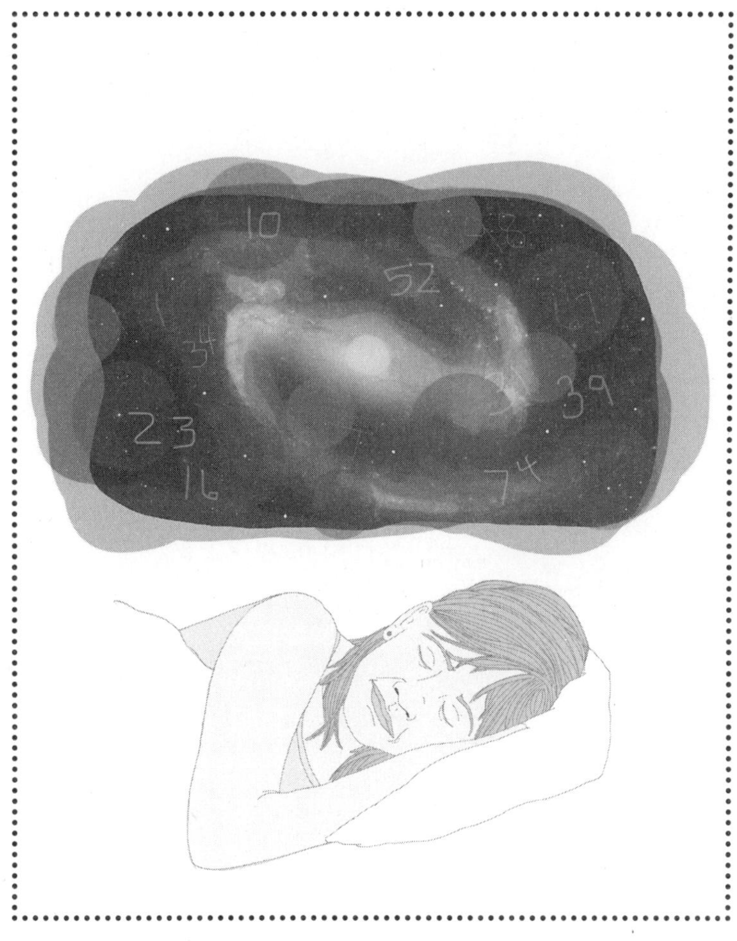

En su mesilla de noche, mi abuela guardaba un libro muy importante. Había perdido la tapa hacía mucho tiempo y ahora aparecía como una colección de páginas gastadas y ligeramente desmontadas.

Las esquinas estaban dobladas y un poco sucias. Era un libro que había pasado por muchas cosas. Si lo abrías, veías que el caos no se limitaba al exterior destrozado; las páginas estaban profusamente anotadas con bolígrafo azul. Era el *Libro de los sueños y los números de la suerte* de mi abuela, un compendio de todo tipo de personas, lugares o cosas que se podrían encontrar en un paisaje onírico, y un número correspondiente para jugar a la lotería.

Puede parecer una forma de abaratar los misterios del tiempo de los sueños, pero mi abuela creció en un hogar pobre y abusivo, con su dulce madre y su grupo de hermanas a merced del patriarca borracho. Escapó de ese lugar y halló una relación enriquecedora con mi abuelo, un Sagitario despreocupado que no tenía inclinación por pelearse, y mucho menos abusar, pero la vida nunca le resultó fácil económicamente. Mi abuelo abandonó la escuela secundaria para servir en la Segunda Guerra Mundial y, a partir de entonces, trabajó como maquinista. Mi abuela manejaba una caja registradora en los grandes almacenes del centro. Ese puesto de trabajo era el que estaba disponible; no había mucho más. Si tenías sueños, literales o imaginarios, de embolsarte un poco de dinero extra, tenía que proceder de la lotería, lo cual, en la época de mi abuela, era ilegal.

Así es como funcionaba: mi abuela, una Acuario soñadora, se despertaba por la mañana y trabajaba para recordar sus sueños. Solían ser vívidos, por lo que normalmente no constituía un gran problema. La mayoría de las veces, el problema residía en una plétora de imágenes de sueños con las que trabajar, demasiadas imágenes y sus números correspondientes. Estaba en la playa (319) y vio un delfín (750) atrapado en una ola (745). Ah, el 745 también era el número de la casa de su hija, así que «asegúrate de jugar a ése, tal vez añádele un dólar extra». Mi abuela garabateaba toda esta información en un cuaderno (básicamente, un diario de sueños con ambiciones) y lo guardaba en su bolso. En algún momento durante el día, Johnny, el corredor de apuestas, pasaba por su caja registradora en la tienda de los grandes almacenes. Mi abuela anotaba sus números y le entregaba al hombre un rollo de dólares y las mujeres que trabajaban en las cajas registradoras junto a la de ella hacían lo mismo. Si tenía suerte (y sus sueños y su guía le garantizaban que la tendría, al menos de vez en cuando), Johnny vendría al día siguiente con el pago de mi abuela.

Mi abuela experimentaba estos sueños como algo místico, como un poco de magia. Había tenido sueños ligeramente proféticos; al ver las noticias de la noche, una historia en particular desencadenaba una cascada de recuerdos y ella se quedaba sin aliento: ¡había soñado con eso la noche anterior! Una mujer bruja sin una ruta segura para explorar y apropiarse de este aspecto de sí misma, se inclinó hacia los sueños, algo tan común, tan universal y cotidiano, pero profundamente misterioso, conectado con una realidad de alguna manera más allá de nuestro yo consciente. Cuando acertaba el número debido a un sueño que había tenido, sentía que era la prueba definitiva de que había algo más en la vida, que una energía benévola la cuidaba y hablaba a su psique a través de imágenes y símbolos.

Los libros de sueños y números de la suerte como los de mi abuela surgieron en el noreste de Estados Unidos en el siglo XIX. Aunque tanto los blancos como los negros jugaban a los números, las iniciativas contra el juego de la época retrataban el juego y a sus jugadores a través de estereotipos negativos de afroamericanos. Los mismos editores que publicaban libros de humor racista pronto imprimieron libros de sueños atribuidos a la «tía Sally», una figura de mejillas regordetas y pañuelo en la cabeza, así como de otras razas no blancas propensas a estereotipos exóticos, como Mehemet Ali y Gypsy Witch; incluso a Mother Shipton, una famosa bruja anglosajona de Inglaterra, se le concedió conocimiento «oriental». Pero en la década de 1920, los psíquicos y empresarios de Harlem publicaban sus propios manuales de sueños y los vendían por la zona a los mismos clientes que pasaban por allí para que les adivinaran el futuro o les hicieran un hechizo con velas. La realidad era que los bancos dirigidos por blancos no prestaban dinero a los negros, y jugar a los números era una manera legítima de conseguir el dinero necesario para sobrevivir y tal vez prosperar. El principal editor negro de libros de sueños de la suerte era Herbert Gladstone Parris, un inmigrante caribeño que residía en Harlem. Sus libros todavía se publican hoy bajo su seudónimo, Profesor Uriah Konje, y de él era el libro con el que trabajaba mi abuela. Mi corazón dio un vuelco cuando lo encontré en Internet, todavía impreso. Pedí una copia y durante una semana viví como mi abuela y anoté mis sueños al despertar, para, a continuación, buscar sus números en el libro, para complementarlo cuando era necesario con las versiones gratuitas en línea que ahora están disponibles.

Todavía recuerdo los sueños que tuve la semana después de comprar el libro, ya que mi experimento con el juego de sueños de brujas dependía de que les prestara mucha atención. Después de quedarme dormida mientras veía la surrealista *La montaña sagrada* de Alejandro Jodorowsky, soñé con heces. Otra noche me quedé varada en el México rural, en una estación de tren abandonada. Todas las tardes caminaba hasta la tienda de comestibles armenia del otro lado de la calle y apostaba a mis números de la esperanza. «Buena suerte», me decía la amable señora que atendía la caja registradora mientras presionaba la impresión en mi palma, como una bendición. No tengo tanta suerte como mi abuela, que acertaba con la suficiente frecuencia como para tener fe en el juego. No gané dinero durante mi semana de juego de sueños, pero aprecié la conexión más profunda con lo inefable, inspirada por mi antepasada bruja para extraer de mis sueños la buena fortuna en mi vida de vigilia, arriesgándome a la aleatoriedad y al caos.

Los antiguos egipcios creían que los sueños tenían lugar en el reino entre la vida y la muerte, y que contenían mensajes de la tierra de los dioses y los espíritus. La pesadilla más antigua registrada en la historia de la humanidad proviene de Egipto, alrededor del año 2100 a. C.: un hombre fue atormentado por un sueño recurrente en el que el sirviente muerto de su padre lo miraba de manera espeluznante. El hombre escribió una carta a su padre, también fallecido, pidiéndole ayuda. Los antiguos griegos y romanos, influenciados por la cultura egipcia, continuaron la tradición de valorar los sueños como fuentes complejas de conocimiento. Saber que estas personas de tiempos remotos y lejanos también tenían sueños en los que se les caían los dientes me hace sentir conectada a un inconsciente colectivo que parece trascender el espacio-tiempo. En lugar de descartar un sueño tan clásico como el básico de ansiedad, los antiguos recurrieron a una metáfora de la boca como tu entorno. Así, la hilera superior de dientes representaba a las personas más cercanas a ti, y la inferior a los conocidos y varios PNJ. Tu sueño básico de pérdida de dientes se convierte en algo más profundo que resolver en un marco como éste.

Todos sabemos que los sueños son túneles que llevan a nuestro subconsciente, donde guardamos todo lo que sabemos pero no queremos saber que sabemos. Recuerdos impregnados de anhelo o angustia, miedos infantiles; la fuente de todo deseo tal vez resida aquí. Mis sueños sexuales tienden hacia el absurdo cómico o lo vergonzosamente desesperado. Una noche memorable experimenté un orgasmo real en un sueño en el que abrazaba a Ronald McDonald en un jardín oscuro lleno de estatuas griegas rotas. Podría escribir un libro con todas aquellas imágenes: ¡Payasos! ¡Ternura! ¡Ambiente espeluznante! Durante muchos años soñé que estaba en el mismo edificio que mi obsesión más profunda de la adolescencia, Billy Idol, y que si pudiera encontrarlo, podría tener sexo con él. Tuve esos sueños regularmente desde los 13 años hasta alrededor de los 48, cuando finalmente me encontré con él en su autobús de gira astral y lo hicimos. ¿Valió la pena la espera? ¡Más o menos! No se me escapó que el sueño precedió al cambio de mi estado civil de monógama a poliamorosa, una época durante la cual me acosté con un gran número de hombres cisgénero por primera vez en mi vida. Fue un sueño predictivo, pero me fascinó más el hecho de que fuera evidencia de procesos que sucedían a un nivel tan profundamente subconsciente que apenas era consciente de ellos. El rompecabezas de cómo trabajar con la atracción por hombres cisgénero como mujer *queer* y feminista aparentemente había ocupado mi psique durante décadas, y Billy Idol era la cara bonita de ese dilema.

Ahora bien, no sólo creo que mis sueños contengan pistas sobre el futuro, sino que sé que es verdad. A los veinte años hice un viaje por carretera condenado al fracaso. No sabía que estaba condenado al fracaso, pero mis compañeros estaban destinados a pelearse entre sí y yo me vería obligada a elegir bando. Taylor, el propietario del vehículo, estaba enamorado de Max sin ser correspondido y la falta de interés de Max provocó en mi amigo desconsolado una feroz malicia. Cuando llegamos a Nueva Orleans, el ambiente era insoportable; Max optó por volver a California en Greyhound y me sentí obligada a viajar de vuelta con él. La mañana en que Taylor nos dejó en la estación de Greyhound en el distrito comercial no sabía que me esperaba una experiencia sobrenatural de bajo perfil.

En la primera jornada de nuestro viaje, los tres pasamos la noche en la casa de los abuelos de Taylor en el Medio Oeste. Fue la noche más aterradora de mi vida, ya que sufrí una parálisis del sueño hasta que salió el sol, una experiencia prolongada que me inspiró mucho miedo y confusión. A veces había sentido como si mi alma tratara de abandonar mi cuerpo, pero no de una manera divertida, como si fuéramos a hacer un viaje astral y a volar alrededor de la Torre Eiffel, sino más bien como si algo estuviera tratando de robarme el espíritu. Esta agotadora noche de escaso sueño terminó cuando me desperté de un sueño bastante mundano que me había llenado de terror. El sueño era una visión simple: un hombre con un uniforme no muy diferente al de la policía, con una gorra en la cabeza. Se apartó de mí y luego se volvió hacia mí, me miró a los ojos y comenzó a hablar. El sueño no tenía audio, su boca se movía pero no oía nada. Su expresión era tranquila, amistosa, tal vez un poco aburrida. No había nada de aterrador en lo que estaba viendo, pero un pánico inmediato se apoderó de mi cuerpo, la sensación de que no debía ver lo que estaba viendo. Una horrible injusticia, una transgresión. Consciente ahora de que estaba soñando, logré salir de la visión y la parálisis de la noche había desaparecido ahora que había salido el sol de la mañana. Les conté a mis compañeros de viaje mi extraña y espeluznante noche mientras tomábamos café y la eliminé de mi mente mientras trazábamos nuestro rumbo hacia el sur.

Aquella mañana verdaderamente fatídica, mientras esperaba en la cola para subir a mi autobús Greyhound, vi cómo mi sueño se hacía realidad. El conductor que estaba sellando los billetes, con la cabeza ladeada para hablar con un compañero de trabajo, finalmente se volvió para dirigirse a mí y mi visión del sueño se solidificó. Ese rostro agradable y tranquilo, con su gorra en la cabeza y su voz lenta y perezosa me preguntó: «¿Su billete, señora?». Me estremecí, lo miré fijamente durante un rato, me recuperé antes de que me preguntara si estaba bien y subí al autobús con la piel de gallina. Una parte de mí sabía que el viaje por carretera tomaría ese giro inesperado. No era sólo una forma vaga, intuitiva y premonitoria de saber, sino una forma clara y literal de saber, como si la totalidad de nuestras vidas se proyectara en una pantalla en algún lugar, en última instancia conocida y cognoscible si pudiéramos entrar en el cine.

He contado esta historia muchas veces y he pensado en ella aún más. Como la vez que vi un fantasma (de verdad), me ayuda a confiar en mi sensación de que hay más en nuestra realidad que el mundo profano aunque hermoso en el que vivimos a diario. Siempre que pienso en ello, me asalta esa poderosa sensación de que no se suponía que debería haberlo visto. Creí que estaba dando con una verdad cósmica tan real como la naturaleza profética del sueño en sí. Pero ¿por qué? ¿Será que, en última instancia, no estamos equipados (física, mental y emocionalmente) para comprender la naturaleza de nuestra existencia, de la que este sueño proporcionó el más mínimo indicio? ¿Nos haría alejarnos demasiado del camino de la realidad consensuada, haciendo la vida imposible, tal vez trágica para nosotros y para quienes nos aman? ¿Echaría a perder la trama, arruinando así nuestra capacidad de sorprendernos, de que nuestra alma aprenda ciertas lecciones? ¿Estamos atrapados en una simulación y el miedo que experimenté forma parte de mi programación para no observar los fallos demasiado de cerca? Podría creer cualquier cosa. Lo que sí sé es lo que mi abuela parecía saber, y lo que seguramente sabían los antiguos: que nuestros sueños pueden ser, de hecho, una repetición surrealista de eventos y ansiedades, pero todos ellos están entrelazados con algo más también, que procede de una parte de nosotros que sabe más de lo que creemos, donde nuestra conexión con los misterios del universo es más fuerte, más sabia, propensa, si tenemos suerte, a escupir, de vez en cuando, una extraña joya para que trabajemos como un rompecabezas místico que reafirme nuestra creencia en la posibilidad espiritual.

UN SUEÑO PARA ROSALEEN NORTON

La bruja oceánica Rosaleen Norton parece haber nacido bruja, allá por 1917 en Nueva Zelanda, en medio de una tormenta salvaje y atronadora. Sus aparentes poderes mágicos no eran algo que ella trabajara para perfeccionar cuando fue adulta, sino algo que parecía haber definido su infancia. Rosaleen asustaba a sus padres cristianos con sus tempranos dones psíquicos: sueños que le revelaban demonios y criaturas de otro mundo, seres que finalmente aprendió a visitar en la vida de vigilia a través de la meditación. Se mudó con su familia a Sídney y en su adolescencia la expulsaron de la escuela por compartir sus obras de arte visionarias con sus compañeros de clase. A los 17 años, Rosaleen estaba casada y había estudiado arte formalmente durante unos tres años, y subsistía gracias a la escritura, el dibujo y posando como modelo para un artista.

El marido adolescente de Rosaleen nunca regresó de la Segunda Guerra Mundial y su madre falleció poco después. Ambas tragedias empujaron la mística más profundamente hacia su destino como la Bruja de Kings Cross, el distrito de la luz roja al que se trasladó a raíz de estas pérdidas. Rosaleen continuó con su arte y a menudo desafió las reglas de censura vigentes, y también prosiguió con sus estudios ocultistas, se educó en la cábala y en las formas orientales de misticismo antes de descubrir los sistemas mágicos creados por Aleister Crowley, en particular la magia sexual. Mientras continuaba meditando y alcanzando el estado de trance para canalizar visiones, Rosaleen recibió la visita de pesos pesados paganos como el dios-cabra griego Pan, precursor del diablo cristiano, así como la oscura diosa hebrea Lilith y la reina de las brujas, la grecorromana Hécate.

Rosaleen, que comprendía que los estados alterados de la conciencia eran puertas de entrada al reino de los arquetipos y la inspiración, empezó a aumentar sus viajes de LSD. Para entonces, ya había ganado cierta infamia: sus cejas delineadas en un arco perenne, su diminuto flequillo y su clásica alta costura de bruja causaban revuelo en el Sídney de la década de 1950, al igual que sus fiestas sexuales mágicas, su provocativa aceptación de las llamadas prácticas degradadas, su reivindicación del insulto «bruja» y sus pinturas, que profundizaban en sus creencias y prácticas con el glamur adicional de los demonios y una variedad de imágenes satánicas. La primera exposición individual de arte de Rosaleen fue objeto de una redada policial y la obra fue destruida por infringir las leyes de obscenidad, un cargo que finalmente fue retirado, aunque no hubo forma de recuperar esas pinturas. A pesar de ser una bruja fuerte y justa, la carrera artística de Rosaleen sufrió la presión crónica de los ataques tanto de la ley como de los medios de comunicación. Su libro de arte *The Art of Rosaleen Norton* fue prohibido tanto en Australia como en Estados Unidos, y los ataques legales se extendieron a sus allegados, y su amante y compañero mágico británico sir Eugene Goossens, un aclamado compositor, vio cómo su carrera se veía perjudicada después de que lo arrestaran por publicar mil fotos sexuales en Australia. Libra (¡mira cómo su vida estuvo marcada por el arte, las fiestas y los amoríos!), murió a los 62 años de cáncer de colon y dejó un legado de arte y magia que el mundo sigue reuniendo.

Este ritual onírico se construyó en su honor. Crea un pequeño altar junto a tu cama y, sea lo que sea lo que coloques allí, asegúrate de que haya un bolígrafo y papel, así como imágenes de deidades o entidades particulares con las que deseas comunicarte. Pronuncia una oración al arquetipo que desees antes de dormir y pídele que venga a ti en el espacio onírico. Como alternativa puedes lanzar una llamada abierta al éter, pidiendo a cualquier diosa que esté cerca de ti que se revele en tu sueño.

Cuando te despiertes por la mañana, intenta no abrir los ojos ni saltar de la cama. Permanece lo más inmóvil que puedas, coge un bolígrafo y un papel y escribe tus sueños con la menor perturbación posible para tu cuerpo físico. Tu cuerpo se aferra a las imágenes de los sueños de alguna manera; sacúdelo y es posible que se deshaga de esas visiones. Si has dejado de recordar, date la vuelta suavemente para dormir en otra posición cómoda y túmbate un instante para comprobar si eso te hace olvidar los recuerdos de los sueños. Cuando sientas que has recordado todo lo que puedes, siéntate, revisa tus notas y reescríbelas con detalle mientras aún estén frescas. Haz esto todos los días durante un período de tiempo (una semana, un mes, el resto de tu vida) e investiga quién se te acerca. Es posible que no sepas de inmediato quiénes son, así que toma nota de cualquier detalle que recuerdes. En mi propia práctica, he notado que mi cerebro perezoso y medio dormido intenta disuadirme para captar detalles, y me dice que no son importantes, ¡pero casi siempre lo son! Un color u objeto particular asociado a una entidad onírica podría proporcionar pistas sobre la identidad de la deidad de tu sueño. Si deseas realizar este ritual al estilo Rosaleen, no te limites a tomar notas, dibuja o pinta lo que ves en tus sueños. Dibujar desde este lado diferente de tu psique puede hacer que surjan más recuerdos y detalles más nítidos. Cuando hayas comenzado a construir una imagen de un visitante en sueños, tanto si ya sabes qué deidad es como si sólo tienes una idea vaga, medita sobre esta entidad cada día durante cierto tiempo, llámala para que acuda a ti y pídele más información. Toma notas de lo que te venga a la mente después de cada sesión. El dios principal de Rosaleen Norton era el dios Pan de las bacanales, y construyó su relación con él a través de los sueños, la meditación, el trance y el arte. Que esta práctica sea igual de fructífera en tu caso.

*Si no estás interesada en comunicarse con entidades de otro mundo, pero deseas profundizar en su mente onírica para lograr un mejor autoconocimiento y una intuición más fuerte, simplemente adopta la técnica del diario de los sueños mencionada con anterioridad, y mantén papel y bolígrafo junto a tu cama cada noche y registra tus sueños cada mañana, con un movimiento físico mínimo.

INCUBACIÓN DE SUEÑOS

Esta ingeniosa herramienta es similar al método onírico de Rosaleen para atrapar a una diosa, pero en lugar de rezarle a una entidad antes de dormir, le asignas a tu mente una tarea. Por ejemplo, estás trabajando en una novela y te encuentras atascada y bloqueada en un punto en particular. Dile a tu cerebro que te gustaría resolver este problema mientras duermes y quédate dormida pensando en ello. Registra tus sueños por la mañana de la manera recomendada. Esto puede resolver no sólo problemas creativos, sino también personales, conflictos de pareja e incluso orientar tu vida hacia una nueva dirección si te has extraviado.

11

El trabajo de la casa

Antes de trasladarme a una casa victoriana de color cielo en una calle lateral de San Francisco, había vivido con una amiga en Nueva Inglaterra, me habían echado de un apartamento sin ascensor obsesivamente comunitario en Mission District y había pasado un par de años viviendo encima de un anciano alcohólico y debajo de un trío de chicos fiesteros a los que les gustaba patinar por su pasillo arriba y abajo, armando un gran alboroto. Todas esas casas tenían sus propias energías, su propia combinación de compañeros de piso que se sumaban a los efluvios vibratorios, pero ninguno de ellos se quedaba en casa demasiado tiempo. Luego estaba la Casa Azul. Fue allí donde finalmente puse mi nombre en un contrato de alquiler, lo que desencadenó una revelación del todo adulta: había estado sola, cuidándome a mí misma, pagando alquileres a otros durante años. Claro, a veces los servicios públicos se retrasaban, como cuando un querido amigo en una borrachera robaba el dinero de nuestra factura telefónica directamente de la mesa para comprar drogas. Y sí, hubo una ocasión en la que el grupo de compañeros de piso fue bastante reducido y tuvimos que organizar una fiesta para los inquilinos, pero siempre buscábamos una razón para organizar una fiesta, así que no podíamos decir que fuera un problema. Recuerdo a mi compañera de piso Lucy, una británica ruidosa; Leo, dibujando uno de esos termómetros para recaudar fondos en la pared del pasillo y rellenándolo con un rotulador rojo a medida que se llenaba la fiesta. Recuerdo llevar el fajo de billetes arrugados a la cooperativa de crédito y emitir un cheque a nombre de Cort, nuestro sufrido vecino de abajo y casero, demasiado amable como para echar a un montón de veinteañeros salvajes a la calle sin importar cuántas fiestas nocturnas hicieran que golpeara el techo con una escoba.

Yo sobrevivía en la Casa Azul, pero ¿estaba prosperando? Es difícil decirlo: mis estándares de vida eran tan bajos (prefería pensar en ellos como punk) y estaba tan borracha con tanta frecuencia que probablemente no sea la narradora más fiable de mi propia época. Me encantaba la naturaleza salvaje que parecía irradiar la casa, que atraía hacia ella a los inquilinos más aleatorios. Cuando llegué por primera vez, compartí el espacio con una bruja thelémica y una bailarina del vientre; cuando se mudaron, lo llené rápidamente con un elenco rotativo de maricas de baja estofa: un genio de las matemáticas vegano y fanático de la velocidad que alternaba entre el libertinaje y las patadas saludables; una joven estudiante de literatura con un ratón de mascota; una *femme* de olor dulce que limpiaba lo que todos ensuciaban; un ex cuya espalda no le dejaba de doler; otro ex que sufría de depresión y seguía trayendo a casa a perros rescatados; un tercer ex que tuvo que cortar nuestra amistad una vez que dejó de beber; un músico de trance drogadicto (además de su amiga, que a menudo se quedaba sin casa y dormitaba en el sofá); la médium psíquica que acababa de conseguir la sobriedad; varios DJ, incluido el drogadicto que había alucinado con pequeños policías escondidos debajo de la silla del salón; y el que bebía cerveza en la ducha y se mudó con su novia adolescente fugitiva sin preguntar. Toda esa energía sería suficiente, más que suficiente, pero añádele las diversas amantes, novias y rollos de una noche y los picos de energía que traían; los músicos de gira que a menudo encontraba durmiendo en mi cama; y los invitados a la fiesta posterior, con sus sustancias que alteraban la energía. No debería haberme sorprendido cuando un amigo psíquico dijo que el lugar estaba lleno de malas vibraciones.

No de vibraciones, sino, en realidad, de murciélagos. La amiga psíquica que las vio era Meryl, en cuya banda, Death Card 13, tocaba la batería. Meryl llevaba años sobria. Era una rockera marimacho, nativa americana, que hablaba con un acento de surfista fumadora de Jeff Spicoli que desmentía su tranquila sabiduría. Mientras yo hurgaba en mi nevera en busca de algo que no fuera aguardiente (de verdad) o Sunny D para beber (el Sunny D posiblemente estaba adulterado), Meryl se apoyó contra una pared, mirando pensativamente el techo, y viendo algo que sólo ella podía ver. Meryl tenía habilidades místicas. «Tienes algunos murciélagos de mala energía ahí arriba en las esquinas», me informó, haciendo un gesto. Miré, pero sólo vi las habituales telarañas ondulantes. «Murciélagos?», pregunté. Meryl asintió. «Sí, están ahí arriba, no son buenos. Probablemente estén por toda la casa», dijo, ladeando la cabeza como si estuviera invocando las vibraciones del resto del apartamento. «Deberías limpiar», sugirió.

¿Tú crees? Como todos los que alguna vez vivieron en la Casa Azul (con la excepción de la mujer perfumada), no me importaba tanto la limpieza. La entropía parecía estar configurada para avanzar con rapidez en ese lugar, al que tanta gente acudía y todavía más lo visitaba (una vez llegué a casa después de que cerrara un bar y encontré una fiesta en pleno apogeo, pero ningún inquilino real en la casa); el desorden se acumulaba con mucha celeridad, y como todos estábamos casi siempre con resaca, conjurar la energía para ordenar era arduo. Era más fácil simplemente dejar que tus estándares cayeran... y cayeran... y cayeran. Cuando la parte oxidada del suelo de la ducha se volvió demasiado aterradora, me puse sandalias en la ducha para no cortarme los pies; cuando el desagüe se atascó, puse una caja de leche para elevarme por encima del agua. Cuando el olor a ropa sucia y mohosa en mi armario se hizo demasiado notorio, arrojé la ropa por la ventana del segundo piso, corrí a la calle para recogerla y la arrastré hasta la lavandería. Claro, la basura en lo alto de las escaleras creció lo suficiente como para confundirse con una espantosa instalación de arte. Sí, una compañera de habitación se contagió de una infección por estafilococos en la nariz después de pelearse con su novio en el suelo sucio de nuestra cocina (y sí, me la contagió después de que compartiéramos un billete enrollado para esnifar una raya). De alguna manera, la bañera con patas en forma de garra se llenó tanto de arena para gatos sucia como de platos sin fregar (tal vez podría haberlo entendido si fuera por separado); de alguna manera, el hongo que encontramos creciendo en una toalla sucia debajo del lavabo del baño no pudo ser identificado por el micólogo académico con el que lo compartimos. Meryl tenía razón: debíamos limpiar. Pero en ese momento, la mugre en la Casa Azul era prácticamente consciente y ganaba conciencia a medida que yo hacía mi mayor esfuerzo, día a día, para borrar la mía.

«Deberías limpiar». Esas dos palabras eran poderosas, pero yo no estaba espiritualmente preparada para limpiar nada cuando las escuché. Me resultó más fácil adaptarme a las consecuencias de mi forma de vida que acceder a la perspectiva general necesaria para ver lo que en realidad estaba pasando: que era alcohólica, que permitía que las fantasías sobre el sexo y el amor me implicaran con personas sin las cuales yo estaba mejor, que la forma en que romantizaba el mal comportamiento de escritores masculinos infames justificaba una autodestrucción que provenía más de mi genética alcohólica que de los Beats, que tenía una niña interior (¡puaj!) que necesitaba un poco de amor y cuidado reales, como alimento, un dormitorio que no estuviera lleno de tazas de café mohosas, una ducha que no me hiciera correr el riesgo de tener que ir a urgencias…

Otra persona en otro lugar podría haber recibido la sugerencia de Meryl como una llamada de atención y haberse puesto seria y quitar las telarañas de la esquina, barrer las colillas del suelo, limpiar la mugre de las ventanas y tal vez incluso hablar con el amable propietario sobre la inaceptabilidad básica de una ducha oxidada y podrida. Otra persona tal vez habría reflexionado con detenimiento sobre cómo había dejado caer sus estándares, su yo, y habría aceptado el desafío de salir de su depresión tóxica. Pero yo tenía más años de beber y consumir drogas por delante, más fondos en los que caer antes de entender que debajo de cada uno de ellos hay otro fondo más problemático.

Creo que del mismo modo que nuestros cuerpos físicos tienen sistemas inmunológicos que nos ayudan a mantenernos sanos y fuertes, también lo tienen nuestras psiques, o auras, o como quieras llamar al campo de energía etérea que nos rodea (una vez experimenté la mía como una burbuja). Con frecuencia, las mismas cosas que desgastan tu sistema inmunológico (la desnutrición, la ingestión de drogas sucias, la saturación de tu cuerpo con alcohol, la exposición repetida a patógenos) también debilitan tu sistema inmunológico psíquico. Cuanto más tiempo viví en la Casa Azul (estuve allí durante siete años), más desorden se acumulaba, más energía negativa se amontonaba y más espiritualmente enferma me ponía. Con la constitución saludable de una veinteañera sana, mi cuerpo podía recuperarse de manera milagrosa, atracón tras atracón. Pero a nivel energético me volví una persona atormentada.

Durante muchas noches sentí que entablaba en una batalla con una entidad nefasta cuando debería haber estado durmiendo. Las mañanas después de estas luchas eran muy confusas: ¿todo eso había sucedido de verdad? ¿Había sido un sueño? ¿Un sueño pero real? A medida que mi alcoholismo progresó, las peleas nocturnas con citas se volvieron normales y llenaron mi pequeño dormitorio, cuyas paredes había cubierto con objetos brillantes hasta el techo, alegres caprichos que esperaba que alejaran a los murciélagos de mala energía, con vibraciones aún más densas. Mi afinidad inherente por todo lo oculto no se desvaneció durante ese tiempo. De hecho, floreció, lo que significa que jugaba con hechizos y conceptos cuando no estaba muy arraigada, y perdía el contacto con mi propia esencia un poco más cada día.

Una amiga bruja me regañó durante esa época después de enterarse de mis recurrentes (y aterradoras) instancias de parálisis del sueño, la sensación de que algo maligno estaba en mi cama conmigo. «No te proteges», me dijo sin rodeos. Me dijo que pasara tiempo rodeándome de luz blanca y pidiendo protección, algo que no hice. ¿Era la luz blanca posiblemente racista? No quería correr el riesgo. Además, estaba muy interesada en aceptar el mundo como el lugar inseguro que era. En lugar de engañarme con la ilusión de protección, elegí esperar que cualquier fuerza demoníaca o fantasma retorcido que rondara a mi alrededor decidiera verme como un alma gemela.

Al final mi casa empezó a asustarme. No podía precisar qué era, pero lo sentía con fuerza: una energía que me hacía reacia a caminar sola por el largo pasillo angosto después del anochecer. Ese pasillo conectaba mi dormitorio con los espacios comunes y los baños: un inodoro, una habitación con la ducha oxidada y la toalla llena de hongos, y un tercer baño horrible con la bañera con la caja de arena y los platos sucios y un segundo inodoro. Era esa habitación, amplia y pintada de rojo, la que parecía el nexo energético de la casa, donde tal vez la reina murciélago de la mala energía rondaba los rincones con sus voluminosas alas. Si tenía que ir a la sala de estar o a la cocina después del anochecer, le decía a mi novio que viniera conmigo; después de todo, él hacía lo mismo.

El pasillo y el baño grande y rojo también lo asustaban. Si no había ninguna escolta disponible, corría.

Pasaron años desde esta espeluznante experiencia hasta que comprendí que la casa trataba de deshacerse de mí. Quería que me fuera. Cuando se me ocurrió la idea, aterrizó con una fuerza física que me dio escalofríos. Era hora de irme. Irme era una idea aterradora: el alquiler era de sólo 200 dólares, lo mismo que cuando me mudé siete años antes. Nunca podría encontrar una habitación tan barata; mi mentalidad de pobre me hacía creer que no podría mantenerme en ningún otro lugar que no fuera la Casa Azul. Probablemente acepté, e incluso cultivé, el bajo nivel del entorno porque creía que no podía permitirme un lugar mejor con un alquiler más alto. Si bien alguna vez me di una palmadita en la espalda por pagar siempre el alquiler a tiempo, la realidad era que no sabía cómo vivir como una adulta funcional y saludable. La mala energía, las vibraciones disfuncionales de la Casa Azul era todo lo que podía manejar.

Todos sabemos que los espacios contienen energía. Puede que no hayas asistido a una fiesta en la Casa Azul (o tal vez sí), pero seguramente habrás estado en habitaciones de hotel u otros espacios que te pusieron los pelos de punta. Del mismo modo, es posible que también hayas estado en entornos que te calentaron, que te hicieron sentir tranquila, reconfortada y agradable. Incluso las personas escépticas sobre otros fenómenos inexplicables avalan el espíritu palpable que emiten algunos lugares. Los científicos, por ejemplo, han estudiado esta curiosidad y han encontrado una posible explicación en las señales químicas, las sustancias químicas presentes en el sudor que pueden detectarse a un nivel subliminal. Emociones como la alegría o el miedo pueden transmitirse mediante el sudor y permanecer en un espacio después de que hayamos llevado nuestros cuerpos sudorosos a otro lugar. Cuando piensas en la cantidad de altibajos, muchos de ellos asistidos químicamente, que se experimentaron en la Casa Azul por tanta variedad de personas y, además, porque la casa nunca se limpió, bueno, sí, puede que hayamos sido nosotros los que nos asustábamos unos a otros con feromonas, como cenizas de la punta de un cigarrillo, con las que habíamos ensuciado el lugar.

No sé si alguna vez decidí irme de la Casa Azul tanto como la Casa Azul quería que me fuera. Una energía, una atmósfera espeluznante, parecía estar cada vez más presente en mi casa. No podía evitar sentir que la casa tenía un espíritu, y el espíritu estaba por encima de mis tonterías. En ese momento me había enamorado perdidamente de un adolescente hosco y desempleado (18, vale, pero aun así, oh, Dios mío; puede que yo viviera como una adolescente, pero en realidad tenía 27 años). Este individuo todavía vivía en casa de sus padres, como hacen tantos adolescentes, y por eso prácticamente se mudó a la mía. Mis compañeros de piso no juzgaron nuestra diferencia de edad (los *queers* envejecen de manera diferente a la población general, como a veces lo demuestran nuestros hábitos de citas), pero no les gustó encontrar a ese poeta *slammer* que se pasaba las tardes viendo *Misterios sin resolver* en nuestra televisión por cable pirateado. Las vibraciones se volvieron tensas. Intenté mantenernos confinados en mi dormitorio, por lo que no me consultaron sobre la decisión de pintar la sala de estar de un verde salvia sucio que me pareció absolutamente deprimente. Creo que mis compañeros de piso, a su manera, habían lidiado con los murciélagos de mala energía que revoloteaban por la casa y trataban de hacer algo para desterrarlos. Creo que la casa en sí misma sentía lo mismo. Creo que es totalmente posible que yo fuera la fuente de energía principal de aquellas criaturas. Cuando un viejo amigo llamó tratando de convencerme para que me trasladara a Los Ángeles y me ofreció un apartamento tipo estudio en un edificio que estaba siendo administrado por un amigo en común, empaqueté a mi joven amante y me dirigí al sur. En Los Ángeles, me sentí inspirada por la oportunidad de comenzar de nuevo en un apartamento nuevo y limpio; las formas en que mi bebida saboteaba mis mejores esfuerzos por un nuevo comienzo se harían evidentes poco a poco, lo que me proporcionó el impulso para finalmente dejar de beber.

No me malinterpretes: sigo siendo una desaliñada. El escritorio en el que escribo está lleno de cartas del tarot y papeles con notas garabateadas, bolígrafos, cristales, crema de manos, pegatinas y baratijas. Una pila de facturas sin pagar me mira fijamente desde el alféizar de la ventana (me ocuparé de ellas en cuanto termine este capítulo). Mi hijo de ocho años tiene que insistirme para que limpie el arenero del gato; es Libra y se cepilla los dientes en el pasillo si el olor es demasiado fuerte. No estoy orgullosa de nada de esto y siempre me esfuerzo por hacerlo mejor, pero mi hijo no tiene idea de lo lejos que he llegado. El desorden en mi espacio vital no se parece en nada a la mugre lúgubre de mi juventud y, lo que es más importante, ya no soy un desastre. Ahora, a mis cincuenta años, acepto con facilidad mis fortalezas y debilidades, mis paradojas, mis diversas naturalezas. Ahora sé que nunca voy a convertirme en una persona diferente (una persona con una casa impecable y minimalista, por ejemplo) y no me importa demasiado. Aun así, una casa, como un alma y una psique, necesita cuidados.

Cuando era niña, mi madre me hacía limpiar mi habitación jugando al «Hotel» conmigo; jugábamos a ser las amas de llaves de un hotel y hablábamos mal de los huéspedes sucios y con derecho a todo mientras guardábamos mis juguetes. Recuerdo una vez, en la Casa Azul, que me puse un camisón *vintage* y limpié el polvo, como una ama de casa extravagante de la década de 1960. La magia y el juego comparten el mismo espacio en mi psique (¿y tal vez en la tuya?), y del mismo modo en que los juegos de rol me inspiraron a ordenar en mi juventud, saber que limpiar la casa puede ser un ritual a menudo me motiva a poner en orden mi vivienda.

Cuando me estaba divorciando, de repente me convertí en la única inquilina de una casa que me parecía demasiado grande y que aún resonaba con las malas vibraciones de mis peleas con mi ex; supe que tenía que limpiarla ritualmente. ¡Pero yo también necesitaba que me limpiaran! Mis propias vibraciones eran pesadas y tristes, llenas de ira y miedo. Sabía que necesitaba ayudarme antes de ayudar a mi espacio, para no seguir esparciendo el mismo desastre melancólico por todas partes. Una amiga bruja me recomendó los servicios de un *iyabó*, una persona en proceso de iniciación en la práctica espiritual afrocaribeña Lucumi, una hermosa mezcla de la religión tradicional africana y el catolicismo impuesto a las personas esclavizadas, así como aspectos de las prácticas nativas de los pueblos indígenas del Caribe. La *iyabó* era una artista llamada Nova, y por un precio que yo estaba feliz de pagar, creó para mí dos baños distintos, por los que había rezado, y los trajo a mi casa, jarras de plástico que alguna vez contuvieron agua cristalina pero que ahora estaban llenas de hojas y pétalos y arena y aceite desconocidos. Me dio instrucciones: para un baño, debía verter la poción sobre mi cabeza mientras estaba sentada en la bañera, dejando que se extendiera desde mi cuero cabelludo hasta mi cabello y se deslizara por mi cara y hombros. Debía sentarme en la bañera y oler los nuevos y dulces aromas del baño, coger puñados de vida vegetal y utilizarlos para frotarme la piel, lavar la energía vieja y estancada que obstruía mis poros psíquicos, la mala energía proyectada sobre mí, los malos sentimientos que brotaban de mi propio corazón, todo ello pesado y desgarrador. Cuando terminé, dejé que el agua mágica se vaciara de la bañera y alejé todas aquellas viejas vibraciones. Reuní todas las hojas y flores y las metí en una bolsa. Luego, desnuda, me metí en la ducha y vertí el segundo baño sobre mi cabeza.

¡Ah! Fue como un baño de agua fría, y agradecí esa sensación vigorizante y chocante. Una vez más, fragancias maravillosas me asaltaron gratamente. Los pétalos de flores blancas se pegaron a mi piel, y pequeñas hojas y ramitas se engancharon en mi cabello. Las dejé allí. Eso era parte de la instrucción: no limpiar ese baño purificador, sino dejar que se secara sobre mí y en mi interior. Me acosté y dormí desnuda, las flores se esparcieron en mis sábanas mientras me secaba. Me sentí un poco como Blancanieves, no voy a mentir, como una especie de princesa de la naturaleza, no una diosa exactamente, pero ¿tal vez una ninfa? La diosa estaba allí. La belleza y el poder de su energía e intención se arremolinaron a través de mis baños líquidos y me sentí increíblemente agradecida de que alguien con una vibración tan alta compartiera algo de su magia conmigo de esta manera. Me sentí muy cambiada después de mi baño, no del todo curada, por supuesto que no, pero sentí que había superado un obstáculo pesado y energético que me había frenado. Me sentí libre para avanzar hacia un nuevo amor. Me llevaría un tiempo deshacerme por completo de la dura coraza que se había formado alrededor de mi corazón desde mi divorcio, pero sentí que ya se resquebrajaba.

A continuación, hice un baño para toda la casa ahora que me sentía lo bastante purificada como para hacerlo. Volví a recurrir a Nova y me hizo dos baños de limpieza extra grandes, uno para la planta de arriba y otro para la de abajo. También me dio una bolsita de resina de copal recolectada en el rancho de su familia en México y vasos de papel llenos de cascarilla, es decir, cáscaras de huevo molidas que debía usar como tiza para dibujar círculos alrededor de mi puerta, a fin de mantener alejada a cualquier persona con mala voluntad.

Me sentí extrañamente triunfante al limpiar mi casa con las pociones de olor dulce de Nova, con las ventanas abiertas para diluir las oleadas de copal que salían de mi caldero. Había superado un momento muy difícil, una especie de iniciación, y aunque en mi punto más bajo no podía creer en nada bueno que la vida pudiera tener reservado para mí, ahora, al lavar y ahumar mi casa, me sentía recién bautizada y lista para la siguiente serie de altibajos. Sé sin lugar a dudas que la energía (mi energía y la energía de todos los que comparten mi casa) afecta a la sensación de este lugar. Depende de mí mantener mi propia energía en buen estado, mi sistema inmunológico psíquico saludable y, cuando las cosas se ponen difíciles y las vibraciones son agrias, saber que esto tiene un impacto más allá de mí y limpiar en consecuencia.

UNA SANTIFICACIÓN POR PETRONILLA

Petronilla de Meath, además de ser uno de los grandes nombres de la historia, también pasó a la historia por el horrible hecho de ser la primera mujer asesinada por brujería en Irlanda, un lugar lleno de brujas. En el siglo XIV, Petronilla era la criada de 24 años que limpiaba la casa, preparaba las comidas y, en general, ordenaba todo para Alice Kyteler, una mujer rica cuyos maridos no dejaban de morirse. Cuando enfermó, el cuarto marido manifestó su sospecha de que Petronilla y Kyteler lo estaban envenenando, y los diversos hijastros de Kyteler se reunieron para acusarla de brujería. Fue acusada formalmente de delitos como preparar pociones a partir de bebés no bautizados, dirigir un aquelarre y acostarse con un íncubo, entre otros actos demoníacos. Petronilla fue nombrada miembro del aquelarre de Kyteler y cómplice de sus crímenes. Mientras Kyteler abandonó la escena y nunca más fue vista, Petronilla no fue tan privilegiada y bajo tortura admitió que había ayudado a su jefa en todo tipo de hechicería, incluida la participación en un ungüento para volar.

Si bien es casi seguro que la hechicería ligera no estaba en la descripción original del trabajo de Petronilla, limpiar la casa probablemente sí lo estaba. En su memoria, mezclo magia y orden, y ofrezco esta manera fácil de librar tu hogar de los murciélagos de mala energía o cualquier vibración desagradable que pueda persistir, así como de invitar a tu espacio vital a la alegría, la frescura y la tranquilidad.

La santificación es una práctica escocesa e irlandesa que convierte un espacio en sagrado y así lo bendice y lo protege. Los ingredientes principales son hierbas y agua, aunque a mí me gusta añadir un poco de sal, ya que creo que es excelente para absorber energías desagradables. En cuanto a las hierbas, el enebro es el mejor según la tradición, y en muchas tiendas ocultistas se pueden conseguir manojos de enebro para quemar. Si vives cerca de enebros, puedes cortar un poco, atarlo con hilo natural y colgarlo boca abajo para que se seque. El romero y el tomillo también son purificadores poderosos; añade un poco al enebro para que tenga más fuerza. En lugar de una varita, también puedes desmenuzar las hierbas secas sobre un poco de carbón en tu minicaldero. ¿Que no tienes un minicaldero? ¿Se acerca tu cumpleaños o puedes hacerte un regalo? Me encanta mi minicaldero; es genial tener un recipiente resistente al fuego para todas las cosas de brujería a las que me gusta prender fuego. Apuesto a que a ti también te gustará.

En cuanto al agua, debes bendecirla. Si eres una auténtica bruja de la naturaleza y vives cerca de un lugar donde haya agua corriente clara y natural, consigue un poco. Para el resto de los habitantes de ciudad, bastará con agua filtrada del grifo. Si tienes que hacer la santificación en luna llena, deja un tarro de agua fuera con un cristal de cuarzo en su interior; yo diría que esa agua ya está bendecida. Sin embargo, si las vibraciones de tu zona te deprimen y necesitas santificarte de inmediato, pon un cuarzo en el agua y reza una oración de intención. Habla con la diosa o con tus guías, con quien o con lo que creas que tiene el poder de santificar el agua. Además, prepara un cuenco pequeño con sal. Enciende tus hierbas. Estás lista para santificar.

Habitación por habitación, recorre el espacio en un círculo en el sentido de las agujas del reloj. Deja que el humo de tus hierbas alcance a los rincones de cada estancia, así como a cualquier pequeño rincón donde pueda quedar energía. Sumerge tus dedos en el agua sagrada y hazla girar, en particular cuando vaya a esos rincones. Deja un pequeño montoncito de sal en cada rincón. Creo que es hermoso hablar en voz alta mientras lo haces, y pide que todas las energías que no te resulten útiles, todas las energías pesadas o negativas, desaparezcan. Si santificas a raíz de un conflicto con alguien, pide que la energía de esa persona regrese a ella. Pide que la energía de la ligereza y la alegría y todo lo que represente para ti vibraciones acogedoras y dulces del hogar entren en tu espacio y traigan consigo vibraciones de abundancia y serenidad. Después de un día o dos, puedes barrer los montones de sal y tirarlos por el inodoro (o esparcirlos en tu arroyo, ¡bruja de la naturaleza!).

COMPAÑERAS DE ESCOBA

La escoba clásica de una bruja está constituida de materiales naturales y aún se parece un poco a una escoba del siglo XIV. Como están pensadas para tener un aspecto casero, esta manualidad de brujería no es demasiado difícil, incluso para personas como yo, cuyos proyectos conservan eternamente una estética preescolar.

Lo mejor de hacer una escoba es que tienes que adentrarte en la naturaleza. Dirígete a un lugar donde haya árboles. Busca un palo grande y resistente. No pasa nada si está curvado o es irregular y tiene personalidad. Es el palo de tu escoba. A continuación, necesitarás cerdas. Busca un montón de ramitas largas. No pasa nada si algunas tienen hojas o nueces pegadas, aunque lo más normal es que te aseguraras de no molestar por accidente a ningún insecto amigo. Cuando hayas llenado tu bolsa con todo, da las gracias a los árboles y vete a casa. Asegúrate de tener un poco de cordel o cuerda. Coloca un trozo de cuerda, pon las cerdas aproximadamente a un cuarto de su longitud y pon el palo de tu escoba allí de modo que la base esté aproximadamente a la mitad del grupo de cerdas. ¿Entendido? Ata bien y con fuerza ese grupo de cerdas. A algunas brujas les gusta usar pegamento caliente y otras prefieren hacerlo de manera más natural. Como puedes imaginar, soy partidaria del pegamento caliente, y cuento entre mis ancestros elegidos a muchas *drag queen* que veían la pistola de pegamento como una herramienta sagrada. Usa lo que tenga sentido para ti. Una vez que hayas atado el primer cordón, enrolla algunos trozos adicionales alrededor de las cerdas por encima y por debajo. Una vez que las hayas asegurado, puedes rematarlas con una cinta más decorativa, colgarle algún adorno valioso para ti, tallar un sigilo en el mango, hacer lo que quieras para convertirla en algo tuyo. También puedes consagrarla, lo que recomiendo encarecidamente: pásala por un poco de humo de hierbas, rocíala con un poco de cristal o agua de luna, dale las gracias y pídele que te ayude a mantener tu hogar energéticamente limpio.

Tu escoba no reemplazará a tu aspiradora (tal vez no resista una limpieza real), pero es más como el reiki de las escobas, diseñada para expulsar suavemente la energía por la puerta.

Si en realidad te gusta esta idea de escoba pero no te gustan las manualidades, debes saber que hay muchas personas con talento que venden sus hermosas escobas caseras en Internet. No hay nada de malo en contratar a una bruja de negocios que ha sido bendecida con talentos para el bricolaje, algo que a ti la diosa, en su infinita sabiduría, simplemente no te concedió.

CUANDO TÚ ERES EL PROBLEMA QUE NECESITA LIMPIEZA

Recuerdo una época oscura en la que, al dejar de tomar mi medicación debido a una repentina falta de atención médica, comencé a sentir que mi casa era un poco… espeluznante. Día a día, algo no estaba bien. Era muy extraño: siempre me había sentido muy agradecida por vivir en una casa grande y antigua cuyas vibraciones eran siempre luminosas y aireadas. ¿Qué había sucedido? ¿Un espíritu maligno se había abalanzado sobre mí? ¿Un vecino me había lanzado un mal de ojo? O… ¿era yo? Sí. Sí, lo era. Yo era la fuente de las malas vibraciones, no la casa sobre la que proyectaba. En mi caso (¿y en el tuyo?), necesitaba tratar mi enfermedad mental. La brujería es un apoyo increíble, pero no reemplaza el seguro médico y los 75 miligramos de Effexor al día. Con la ayuda de mi sistema de apoyo, lo resolví (¡gracias, Ben!). Pero mi espíritu necesitaba limpieza y, sinceramente, los baños espirituales regulares son un autocuidado básico para tu sistema inmunológico psíquico. ¡No tienes que esperar hasta sentirte asustada para hacerlo!

Esto es lo que me gusta utilizar en mis baños sencillos, pero siéntete libre de modificarlo según la temporada, lo que tengas a mano y lo que prefieras. ¡Sólo asegúrate de que sea seguro mojar los ingredientes antes de meterlos en la bañera!

Creo que la sal es el ingrediente más importante, y es probable que ni siquiera me bañara si no tuviera una bolsa de sales de Epsom oculta debajo del lavabo. Echa un puñado o dos. No puedes equivocarte con el romero y la artemisa, y por supuesto, los pétalos de las flores siempre son encantadores. He vertido una o dos gotas poderosas de aceite de eucalipto en la bañera para sentir que limpio mi alma con su vapor. También he rellenado bolsitas de té de tela con raíz de valeriana maloliente y las he dejado caer cuando sufría de ansiedad, e incluso he llenado la bañera con cítricos cortados por la mitad cuando necesitaba rejuvenecer mi corazón. Puedes hacerlo tan esponjoso y delicado o tan simple y práctico como te apetezca. Lo importante es meterse en la bañera, dejar que toda la sal y las hierbas hagan su magia y poner la cabeza en el lugar correcto mientras te bañas, meditas y rezas. Me encanta acostarme, preferiblemente desnuda, justo después de un baño así, casi sin secarme, para que los ingredientes mágicos se adhieran a mi cuerpo el mayor tiempo posible.

VENDE TU CASA DE TRADICIÓN CATÓLICA

Quería incluir este hechizo católico popular, aunque clandestino (¡literalmente!). Por supuesto, no se llama hechizo, ya que los católicos no hacen hechizos. Es un… ¿qué? ¿Una oración? ¿Una superstición? Como nadie corre el riesgo de ser quemado en la hoguera, llamaré «hechizo» a un hechizo y acusaré a mi propia madre, una dama católica que una vez logró «enterrar a un san José»,[1] de bruja. Lo cual es pro-

1. Los devotos de san José le rezan para que les ayude a encontrar un nuevo hogar o vender el que tienen. Se cree que enterrar una figura de san José boca abajo en el suelo ayudará a que la casa se venda más rápido. Una vez que la casa se ha

bablemente una etiqueta mucho más adecuada para su onda, ya que ha sido excomulgada por la Iglesia por volver a casarse después de su divorcio, está firmemente a favor del derecho a elegir y ama a su hija *queer*. Pero, en fin. La historia cuenta que mi hermana se iba a casar y mi madre, que iba escasa de dinero, se desesperó por no tener los ahorros necesarios para ayudarla con la boda. En ese momento, ella era la propietaria de su casa en Florida (eso fue antes de que la estafa de las hipotecas de alto riesgo se la llevara, junto con la de tantas otras personas) y en su propiedad había un lote adicional, algo pequeño y muy salvaje. Decidió venderlo y utilizar el dinero para sufragar el banquete de mi hermana con un encantador almuerzo al día siguiente. Puso el lote a la venta, pero no se vendió. Finalmente, una tía afín a lo místico le contó que podía comprar un kit que consistía en una figurita para enterrar y aprovechar los poderes espirituales de san José en la venta de bienes raíces.

Si bien puedes, como mi madre, adquirir un kit, también puedes simplemente comprar una figurita de san José y envolverla con cariño en un paño para protegerla de la suciedad. Cava un hoyo cerca del cartel de «se vende», si lo hay, y/o cerca de la calle. Mete a san José en el hoyo, boca abajo, mirando hacia la propiedad. Los kits vienen con pequeñas tarjetas de oración, pero puedes simplemente hablar en voz alta a san José, que no vigila las casas, pero sí a la clase trabajadora, y pedirle apoyo, darle las gracias por su ayuda, etc. Simplemente sé tú misma. (Eso es lo excelente de tener una práctica mágica individual: siempre puedes ser tú misma, incluso cuando hablas con una deidad).

Mi madre vendió ese terreno y pudo agasajar a mi hermana en su gran día. Después de vender tu propiedad, saca a san José de la tierra, quítale el polvo y dale las gracias. Yo de ti lo mantendría en tu altar durante un tiempo como parte de una práctica de gratitud y luego lo colocaría donde desees.

---

vendido, se debe desenterrar la figura; de lo contrario, se venderá una y otra vez. (*N. del T.*).

12

El pánico a las brujas

En este libro he querido destacar las vidas de algunas brujas, tanto autoproclamadas como acusadas. Para las personas que identificaron y reivindicaron el poderoso y siempre controvertido manto de bruja de conjuro, como Marie Laveau o Rosaleen Norton, es fácil. Estas personas mágicas eran de mentes abiertas y eran conscientes de la forma en que lo efímero tenía poder en sus vidas, las formas intencionadas en que se relacionaban con lo desconocido (y prohibido).

Para personas como Petronilla de Meath y otras víctimas del pánico a las brujas es un poco más complicado, un poco ambas cosas a la vez. Es decir, es fácil mirar a estas personas condenadas y asesinadas, principalmente mujeres, y decir: «O eran brujas de verdad, o eran víctimas de la mentalidad de una turba ignorante y supersticiosa». En realidad, creo que es más complejo, con muchos problemas debido a un espacio-tiempo tan difícil de comprender desde nuestro presente aquí y ahora. Creo que esas mujeres (y hombres) eran probablemente personas tal vez un poco más versadas en artes populares como las hierbas y los amuletos, individuos que se mantenían más informados por las viejas costumbres, que tenían una comprensión visceral de lo que ahora podemos descartar demasiado rápido como supersticiones. Casi con seguridad ya se habrá documentado cómo las mujeres fuertes y exitosas a menudo fueron el objetivo de las cacerías de brujas, ya que el cristianismo vigilaba no sólo las creencias espirituales, sino también la oposición al propio patriarcado. Las cacerías de brujas tenían el objetivo de asegurarse de que las mujeres individuales no se volvieran demasiado poderosas, demasiado autónomas, demasiado ricas o abundantes.

Aunque soy del todo consciente de que muchas de las mujeres atrapadas en las cacerías de brujas y los horrores de la historia que odian a las mujeres no eran en absoluto brujas, ni siquiera según mi interpretación bastante amplia (¡una excentricidad general de la feminidad y la masculinidad!), y aunque sé que muchas de las asesinadas tenían la misma creencia vaga o ferviente en un dios cristiano que sus compatriotas, sigo optando por reivindicarlas como mis hermanas brujas y las incluyo en este libro. Hablar de lo efímero (magia, energía, vibraciones, intención, intuición, poder) me parece una mezcla de realidad y fantasía, de juego y cumplimiento de deseos. Como sé que existe una realidad metafísica mayor que la que vemos desde nuestro espacio-tiempo, estoy dispuesta a darle cierto crédito, y eso es la fe. Como disfruto de los reinos psicológicos del juego y el poder que conjura la brujería, estoy dispuesta a aceptar que al menos una parte de ella es una feliz simulación. Si profundizas, esto no es menos una aceptación del misterio que lo que postula la fe. Y es en esta especie de niebla de creencias e imaginación donde reclamo a todas las que murieron como brujas como mis antepasados, mis cómplices, no menos de lo que cualquier católico cuenta a los santos martirizados como sus parientes religiosos.

Y con esto, parece un buen momento para adentrarnos en la historia de todo este odio hacia las brujas.

Aunque voy a ahondar en el pasado, la sospecha (o el odio absoluto) hacia las brujas no es ciertamente una peculiaridad de la Antigüedad. Hay tantas practicantes que se sienten inseguras de «hablar abiertamente» sobre su espiritualidad que la frase divertida / no divertida «en el armario de las escobas» se ha vuelto bastante común en Internet para describir a las brujas que mantienen sus prácticas en secreto frente a amigos, familiares y compañeros de trabajo. Incluso en medio de un genuino renacimiento de todo lo relacionado con la brujería, todavía existen actitudes que van desde las salaces hasta la ignorancia y el odio absoluto. En el cristianismo, en particular, parece existir la creencia de que, a diferencia de otras religiones a las que se les concede tolerancia, la brujería y el paganismo son afrentas directas. Por ejemplo, los líderes religiosos cristianos en un condado de Texas se manifestaron para cerrar un mercadillo pagano de vacaciones. La persistente confusión sobre las diferencias entre la brujería y el satanismo impulsa gran parte de la locura, que se filtra desde la Iglesia a las mentes de los feligreses y sus hijos. Las brujas jóvenes informan de que sufren acoso en la escuela. Las brujas mayores se ven amenazadas con la condenación eterna mientras intentan vivir sus vidas. Si bien en las ciudades la peor reacción puede ser simplemente una asociación perenne con capas de terciopelo, ferias del Renacimiento y *Dragones y Mazmorras* con los que simplemente no te identificas, la verdad es que los miedos supersticiosos a las brujas (mujeres poderosas u hombres empáticos) pueden hacer que la vida de un practicante sea muy difícil si vive fuera de los centros de diversidad y aceptación. En este capítulo voy a explicar los extraños comienzos de este odio de larga data hacia las brujas.

Las brujas han sido tan odiadas y convertidas en chivos expiatorios durante tanto tiempo que es fácil olvidar que no siempre fue así. En algún momento entre que la magia popular se convirtió en algo muy normal y corriente y la tortura de brujas en toda Europa y en Estados Unidos, hubo un momento en el que incluso a la poderosa Iglesia católica no le importaba demasiado la brujería. Estaba mal vista, sin duda, pero nadie era asesinado por ello. Tal vez la gente recordaba a sus madres y abuelas que preparaban tinturas y seguían el camino de la luna, y por eso simplemente parecía un tipo de conocimiento, tal vez femenino o de otra generación. Quizás al ser mayores y mujeres, su poder no se tomaba en serio. Sea cual sea la razón, es curioso reflexionar sobre cómo la Europa cristiana pasó de tolerar vestigios de paganismo a asesinar a tantas personas que de los pueblos se decía que parecían bosques quemados, que muchas piras funerarias carbonizadas humeaban en las calles adoquinadas. La respuesta a lo que sucedió –una violenta paranoia contra las brujas lo bastante fuerte como para seguir marcando nuestros propios tiempos con prejuicios–, aunque no recae completamente sobre los hombros de un solo hombre, sí lo hace de algún modo: Heinrich Kramer, un inquisidor tirolés, un incel obsesivo del siglo xv, un trol prototípico y un clérigo alemán vengativo que juró, tras su humillante fracaso al no procesar a una ruda fiestera austriaca, que sería la última vez que una mujer así escaparía de su ira. Su obra, *Malleus Maleficarum*, es el tratado que consideró a las brujas como los peores herejes, imaginando sus actividades lascivas y patentemente absurdas y detallando las mejores prácticas para probar y castigar su maldad.

Empecemos por la Inquisición católica. Su propósito, cuando se fundó en el siglo XII, era acabar con los herejes, en concreto, con aquellos que trabajaban contra la Iglesia católica, socavaban sus esfuerzos, hacían declaraciones sobre que Jesús no era Dios y otras observaciones razonables relacionadas con la libertad de religión. Muchos de los llamados herejes despotricaban contra la falsedad y la hipocresía de los papas y sus riquezas. La Iglesia católica tenía una postura de «si no estás con nosotros, estás contra nosotros», por lo que expresar abiertamente que considerabas fraudulentas las enseñanzas de la Iglesia significaba correr el riesgo de ser quemado vivo como castigo.

Al principio de la Inquisición, la brujería era un problema más secular. Si te acusaban de acosar a tu vecino mediante la brujería, acababas ante los jueces del rey, que se encargaban del asunto. La Iglesia no participaba en estos pleitos de menor importancia. Pero unos cien años después, el papa Alejandro IV sugirió que las personas que conversaban con demonios y utilizaban la brujería para favorecer su voluntad eran culpables de herejía. El Antiguo Testamento era claro en cuanto a no tolerar a los hechiceros, a los adivinos ni a los que consultaban a los fantasmas. Si estas actividades eran impías, entonces debían caer en el reino del diablo, ¿no? Y nadie quería que la Iglesia se hundiera como Lucifer. Según la nueva conclusión de este papa, en el año 1258, se volvió aceptable que la Inquisición juzgara a las personas por herejía basándose en una acusación de brujería. Sin embargo, eso no significaba que se procesara a las brujas por herejía con tanta frecuencia. El frenesí creció despacio. El famoso misógino Tomás de Aquino avivó las llamas y, cuando la Iglesia se volvió contra su propia milicia, los Caballeros Templarios, en el siglo XIV, utilizaron acusaciones de brujería para acabar con ellos. Cuando el papa Juan XXII acusó a uno de sus obispos de intentar matarlo mediante brujería en 1317, volvió a legitimar la acusación. Luego, en la década de 1340, Europa fue azotada por la peste.

Y todos sabemos cómo una pandemia puede volver a la gente paranoica y propensa a teorías conspirativas.

Heinrich Kramer nació alrededor de 1430 y, según algunas fuentes, desde el principio se sintió muy atraído por la Iglesia. Era joven cuando se unió a los dominicos, la orden de monjes encargada de dirigir la Inquisición. Heinrich se dedicó a ello con entusiasmo y estaba especialmente entusiasmado con la idea de perseguir a las brujas. Ahora bien, por desgracia para él, aunque existían motivos teóricos para procesar a las brujas por herejía, a Heinrich le resultó difícil conseguir que una bruja compareciera ante los asesores de la Inquisición. Supongo que, al igual que hoy, en la Edad Media había gente que tendía a la decencia y la frialdad, mientras que otros, como Heinrich, se inclinaban por el drama desenfrenado. Tuvo una situación en especial difícil cuando presentó un caso contra una mujer tirolesa llamada Helena Scheuberin en la ciudad de Innsbruck, situada en una región nevada y llena de lagos que abarca el norte de Italia y el este de Austria.

Helena parece bastante interesante. Hans P. Broedel, en su libro *The Malleus Maleficarum and the Construction of Witchcraft*, la describe como una «mujer agresiva, independiente y sin miedo a decir lo que piensa». Pero se encontró en el lado receptor de algunos chismes de la ciudad después de que un noble caballero llamado Jörg Speiss apareciera muerto. Antes de fallecer, mientras buscaba ayuda médica, su doctor le advirtió de que evitara la casa de Helena Scheuberin. Helena tenía un marido rico. Tal vez hacían grandes fiestas, quizá consumieran opio o bebieran cerveza elaborada con belladona, tal vez el noble caballero Jörg tomaba demasiadas sustancias tóxicas medievales en las juergas y borracheras de Helena, y el médico lo sabía, y es posible que fuera eso lo que quería remarcar. Pero estoy especulando. Sin embargo, es extraño que el médico dijera de manera literal: «Aléjate de la casa de Helena o morirás». Y murió. ¿Tenía una aventura con ella y fue envenenado por su marido celoso? ¿Quizá disponía de algún tipo de información comprometedora sobre Helena y ella lo estaba envenenando? ¿Veo demasiado el canal ID Discovery? En las calles de Innsbruck se decía que podría haber sido un caso de brujería.

Ése era el tipo de cosas por las que Heinrich vivía. La noticia de esta misteriosa muerte, la ominosa advertencia del médico, la personalidad «agresiva e independiente» de Helena, los chismes sobre magia de los habitantes del pueblo... Todo eso lo envió volando a Innsbruck más rápido que una bruja colonial con una escoba metida en la vagina. Se organizó para pronunciar algunos sermones en la iglesia local y comenzó a acosar a su objetivo. Pero no le fue muy bien al bueno de Heinrich, porque la muchacha hizo honor a su temible reputación. Al encontrarse con su acosador en la calle, Helena le saltó a la cara y le gritó: «¡Maldito seas, monje malvado, que el mal que cae se te lleve!». Escuchémoslo de nuevo: *Maldito seas. Monje malvado. Que el mal que cae se te lleve.* Me entran escalofríos. Es un insulto increíble. Ella era buena, muy buena.

En la medida de lo posible, Helena evitaba los sermones de Heinrich, por supuesto, e instaba a los demás a que hicieran lo mismo, y Heinrich se lo tomó como evidencia de su hechicería. Uno puede pensar que él se sentiría feliz por su ausencia, ya que cuando ella asistía a la iglesia lo abucheaba, lo llamaba «hombre malvado y cómplice del diablo». ¡Sí, Helena, cambió el guion! Heinrich finalmente logró iniciar un juicio contra Helena, junto con algunas otras mujeres, su pandilla de chicas brujas, sin duda. Pero las autoridades locales no lo secundaron. Tal vez fueran del Equipo Helena, tal vez no creyeran en la brujería. Es posible que pensaran que Heinrich era un *nerd*, o que la Iglesia católica actuaba con una conducta propia de un matón del barrio. De cualquier manera, los poderes de Innsbruck en realidad expulsaron a Heinrich de la ciudad. Puedo imaginar y me imaginaré la fiesta de la victoria que organizaron Helena y su rico esposo cuando eso sucedió. ¡Que fluya la hidromiel con hierbas solanáceas! Pero un troll no se rinde con tanta facilidad. Heinrich no había terminado con Helena y las brujas de Innsbruck. En un gesto de desdén, fue directo al Vaticano y se quejó ante el papa sobre el trato terrible que había recibido en el Tirol, y le pidió que escribiera una nota en la que dijera a todo el mundo que tenían que tomar en serio su autoridad.

El papa Inocencio VIII… espera, ¿puedes con estos papas? Ese nombre es tan irónico que resulta ofensivo. El papa Inocencio VIII invirtió en el comercio de africanos esclavizados, dirigió un plan que tenía como objetivo acusar a las mujeres nobles de herejía para que la Iglesia pudiera apoderarse de su dinero, y literalmente creó cargos y puestos en el seno de la Iglesia para ser vendidos al mejor postor. Y se hizo llamar «Inocencio», como si fuera una lata de *Le Croix* sin calorías. De todos modos, el papa Inocencio sí hizo un favor a Heinrich: recientemente había ascendido al troll a jefe de la Inquisición, y eran amigos. El papa redactó un decreto papal llamado *Summis Desiderantes Affectibus*, que en latín significa «más vale que seas amable con Heinrich». En él afirmó que las brujas eran reales, que eran herejes, que la Iglesia tenía derecho a juzgarlas y que cualquiera que interfiriera era en sí mismo hereje y estaba sujeto a castigo.

Heinrich regresó a Innsbruck, muy satisfecho con su decreto papal. Tomémonos un momento para imaginarnos a ese idiota con la ayuda de algunos retratos medievales existentes. Los artistas medievales tenían una mirada tan extraña como infame. En algunas pinturas, el rostro de Heinrich parece ser una pelota de fútbol reventada, con su cabeza calva rodeada de un flequillo dominico clásico. Un retrato lo muestra demacrado con una barbilla prominente; en otro es regordete, con los ojos bastante cerca de la nariz. En otro retrato no parece tan extraño. Su chaqueta negra y voluminosa parece cómoda y está elegantemente ceñida. Luce una pequeña boina y sus pómulos parecen los frutos de un tutorial de contorno de YouTube. Willem Dafoe podría interpretarlo de manera muy convincente en un *biopic*. Está sentado en una pequeña habitación con paredes de madera, absorto en sus pensamientos, perdido en una ensoñación. Parece un poeta al que la musa toca con suavidad, no un asesino en serie medieval que redacta su macabro libro de instrucciones.

Ahora que todos nos imaginamos a Willem Dafoe entrando en un pueblo medieval, agitando una bula papal, continuemos. Con el documento legitimador de la Iglesia en la mano, los líderes de Innsbruck tenían menos poder para expulsar a Heinrich del pueblo. Comenzó oficialmente un juicio por brujería contra Helena Scheuberin y sus mejores perras. El juicio duró alrededor de un mes, desde la temporada de Leo en verano hasta la de Virgo a principios de otoño. Lo interesante es que, aunque hubo personas del pueblo que acusaron a Helena y compañía de brujería, ninguna de ellas mencionó al diablo. Fue la Iglesia la que equiparó la brujería (magia popular pagana) con el satanismo, y Heinrich presentó acusaciones de confraternizar con el diablo, celebrar el aquelarre orgiástico de las brujas, etc. Al parecer, Heinrich basó gran parte de su acusación contra Helena en su supuesta promiscuidad. Pero a pesar de estos esfuerzos, el juicio terminó sin una confesión. Hubo un mes más o menos de respiro, Heinrich se fue de la ciudad, Helena regresó a su suntuosa casa y se fue de fiesta, o se recuperó. Pero no pasó mucho tiempo hasta que Heinrich regresó. Conseguiría una confesión de aquella bruja, aunque tuviera que torturarla para sacársela, que, como sabemos, era el método favorito de la Iglesia para extraer confesiones de crímenes que en realidad no existían.

Al igual que el juicio, la tortura de Helena y de las otras mujeres acusadas duró aproximadamente un mes. Un dispositivo medieval muy popular para tales ocasiones era un artefacto horrible llamado *strappado*. Se ataba las manos a la espalda de la persona y luego se la levantaba en el aire, de modo que su cuerpo colgaba a peso muerto, contorsionado, y los hombros se le dislocaban mientras colgaba. A veces se colocaban pesos en el cuerpo para hacer aún más espantosa una situación imposible. La víctima generalmente moría en una hora.

Había otros métodos para conseguir que las mujeres confesaran sus inexistentes amoríos con Satanás. La privación del sueño a menudo conseguía una revelación exitosa. Después de que maniacos obsesionados con el diablo las mantuvieran despiertas durante cuatro o cinco noches consecutivas, ¿quién no empezaría a alucinar que era la consorte del dios cornudo?

Una de las tareas de tortura favoritas de Heinrich era hacer que una acusada de brujería cargara un trozo de hierro al rojo vivo durante exactamente tres pasos sin dejarlo caer. Si podía hacer esto, no era una bruja, aunque parece que se necesitarían poderes sobrenaturales para anular el instinto del cuerpo de arrojarlo de las manos, que se quemaban con rapidez. Si se tenía una reacción natural, se rompía a llorar y se gritaba «¡Mierda!» y se dejaba caer el trozo de hierro al suelo, se era una bruja.

Una última tortura común a la que se sometía a las brujas en la época era la de «nadar», esa famosa situación en la que la acusada era atada de pies y manos y arrojada al agua. Si vivía, era una bruja, y era rociada por las llamas. Si se ahogaba, bueno, la pobre muchacha era inocente después de todo, pero había ido a un lugar mejor, ¿no? De hecho, en este caso, ¿tal vez?

No pude encontrar ningún escrito que especificara qué método malévolo empleó Heinrich para obtener una confesión de Helena, pero la tortura a la que fue sometida a lo largo de un mes entero probablemente fuera repugnante. Sin embargo, al final, Heinrich perdió. La Iglesia no pudo probar que Helena Scheuberin hubiera asesinado al noble caballero Jörg Spiess con brujería o de ninguna otra manera. Helena era inquebrantable. Con independencia de la tortura que se le aplicara, no se quebró, y me gustaría imaginar el aluvión de insultos que lanzaría contra aquel cobarde inquisidor.

Como se puede advertir, Heinrich no era de los que adoptan una actitud de «a veces se gana, a veces se pierde» en sus juicios de brujería. Le costó mucho dejarlo ir. Su obsesión con Helena siguió creciendo y se quedó en Innsbruck para acosarla, incluso después de que las autoridades locales volvieran a exigirle que se marchara. Tuvieron que apelar al obispo para que finalmente dejara de molestar a la mujer y se fuera de Innsbruck. Heinrich hizo acopio de toda su furia y resentimiento, de su ego dominico herido y de su rectitud católica, y se metió de nuevo bajo una piedra en Colonia, en Alemania. Concentró la tormenta de rabia psicodélica que se arremolinaba en su interior y comenzó a escribir.

Publicado en 1486, *Malleus Maleficarum* fue la obra vital de Heinrich Kramer, su legado perdurable. Aunque su compatriota dominico Jacob Sprenger figuraba como coautor en las ediciones publicadas después de 1519, Heinrich murió en 1505, y los estudiosos le atribuyen ahora la autoría de *Malleus Maleficarum*. También corre un rumor por Internet que asegura que Sprenger odiaba a Kramer, pero no pude encontrar nada que realmente lo respaldara. Entonces, ¿de qué trata en realidad el *Malleus*, esta pieza medieval de pornografía vengativa escrita por un incel del siglo XV? Heinrich pretendía que fuera la base legal de la escritura cristiana que exhorta: «No permitirás que viva una hechicera». En primer lugar, es un documento legal; incluye y desarrolla la bula del papa Inocencio que instituye la brujería como herejía, y presiona a los tribunales de Europa para que la procesen como tal. En él se describen las mejores prácticas para juzgar a las brujas, se aconseja que los jueces lleven un amuleto de sal bendita alrededor del cuello, que desnuden y afeiten a las brujas y que las conduzcan al tribunal de espaldas. Se explica cómo obtener confesiones mediante tortura y el tipo de castigo y muerte que se debe aplicar una vez que se ha establecido la brujería. Como la quema en la hoguera era la forma más tradicional de deshacerse de los herejes en general, se aplicó a las brujas. Heinrich creía que Dios no permitiría que una persona inocente fuera asesinada por error por brujería, por lo que se despreocupó de tomar cualquier precaución para evitar muertes por negligencia.

Ahora bien, al establecer oficialmente la brujería como herejía se creó, en efecto, otra regla legal: se hizo obligatorio que todos creyeran en las brujas y en la brujería tal como las define la Iglesia. Negar su legitimidad maligna te sometería a su destino. Si tal vez querías creer en las brujas pero te preocupaba no saber lo suficiente sobre ellas o no entender realmente sus costumbres, aquí es donde Heinrich brilla: en la parte del *Malleus* que describe exactamente qué traman las brujas. Creo que su actividad registrada más interesante era hacer que los penes de los hombres desaparecieran de sus cuerpos y reaparecieran en lo alto de las copas de los árboles, acurrucados juntos en un nido, como si fueran una bandada de pajaritos; y como una bandada de pajaritos, las brujas alimentaban a estos falos castrados mágicamente con avena. ¿No me crees? No te culpo. Pero permíteme citar del libro lo siguiente: «¿Qué debemos pensar de esas brujas que encierran penes en cantidades a veces prolíficas, veinte o treinta a la vez, en un nido de pájaros o en una especie de caja, donde se mueven para comer avena y forraje, como si estuvieran vivos, algo que mucha gente ha visto y que nutre las habladurías comunes?». ¿Mucha gente vio algo así? ¿Mucha? Bueno, las murmuraciones nunca se equivocan.

Ahora bien, para crédito de Heinrich, él no creía que las brujas robaran penes de los cuerpos de los hombres. No estaba loco. Para quitar un pene se necesitaba la ayuda de un demonio y, francamente, la mayoría de las brujas no eran tan poderosas. Lo que podían hacer era hacerte alucinar para que creyeras que tu pene había desaparecido y luego proporcionarte una visión de éste comiendo avena en un nido en lo alto de un árbol. Del mismo modo, las brujas de la Europa medieval no podían convertirte en un animal, porque no tenían ese nivel de poder demoníaco. Sólo podían hacerte creer que te habían convertido en un animal.

Felicidades a Heinrich por minimizar los poderes de las brujas y, al mismo tiempo, afirmar su terror y malevolencia. Alucinación o no, ¿quién quiere mirar hacia abajo y descubrir que ya no tiene nada entre las piernas? Yo no. Y recuerda, para que no te burles de esta historia y digas que es increíble, ahora corres el riesgo de ser acusada de herejía.

El *Malleus* cuenta muchas y deliciosas hazañas de brujería, como la historia de una mujer que, molesta porque no la habían invitado a una boda, voló a una ladera, orinó en un cuenco, removió la orina en sentido contrario a las agujas del reloj y provocó una tormenta que cayó sobre la celebración. Un gran hechizo para probar la próxima vez que te sientas excluida de tu comunidad.

En realidad, por si te interesa, esto es lo que tienes que hacer para convertirte en una bruja de estilo medieval. Gran parte de esa tradición ya la había establecido la Iglesia católica cuando llegó Heinrich, pero él la desarrolló y la popularizó. Primero, debes renunciar al cristianismo y hacer un pacto con el diablo. Listo. A continuación, debes demostrar tu valía y sellar el trato teniendo sexo con el diablo. Ahora bien, el diablo, al ser satánico, tiene gustos particulares. Si bien se decía que se lo pasaba bien en la cama (era un amante seductor y todo eso), también exigía a sus nuevos acólitos que demostraran su amor con el *osculum infame*. También llamado «beso de la vergüenza», no era más que un beso en el ano del diablo, o un poco de sexo anal medieval, dependiendo del entusiasmo de la bruja.

El diablo le demostraría su agradecimiento otorgándole a la bruja el don de volar, muy importante para poder asistir a las frecuentes reuniones de brujas en lo más profundo del bosque, presididas por el mismísimo Satanás. ¡¿Quién querría perdérselo?! Al tomar un ungüento especial elaborado con grasa de bebés no bautizados y aplicarlo a una escoba o silla de la casa, los objetos quedarían suficientemente encantados como para servir como vehículo para llevarte a la fiesta de brujas en lo más profundo del bosque. (Por supuesto, hay teorías que aseguran que los ungüentos se hacían con sustancias alucinógenas, no con grasa de bebé, y luego se insertaban en la vagina a través de un palo de escoba o la pata de una silla, lo que provocaba un gran «vuelo»).

Aunque todo esto era tradición de la Iglesia, Heinrich afirmó que si una bruja por alguna razón no podía viajar a la fiesta satánica, tal vez porque era perezosa, sufría ansiedad social o estaba en cuarentena de siete días por COVID, podía unirse de forma remota, recostándose sobre su lado izquierdo y respirando un vapor azul por la boca. El vapor actuaba como una especie de sala de Zoom medieval, que permitía a la bruja observar lo que sucedía desde la comodidad de su cabaña. Pero, en realidad, preferirías estar allí en persona, ya que las reuniones eran verdaderas fiestas sexuales, y tal vez el único lugar donde una dama podía tener sexo con un demonio. Curiosamente, Heinrich notó la «nobleza» de la naturaleza de los demonios y sugirió que muchos de ellos tal vez ni siquiera querían tener sexo con las brujas; sólo lo hacían porque era su trabajo. Parece que Heinrich proyectara. Obviamente, a los demonios les encanta tener sexo con brujas. Una vez terminada la parte de orgía de la reunión, todos comienzan a maldecir y a lanzar hechizos, así como a masacrar y comerse a bebés no bautizados. O a bebérselos. Después de haber estado cocinándose lentamente en el caldero todo ese tiempo, la carne se desprende de los huesos, creando un caldo de huesos bastante sorbible. No te atrevas a burlarte de mí, simplemente comparto el conocimiento de un monje dominico bastante importante. Si leerlo tú misma, en la actualidad hay una primera edición del *Malleus* a la venta en Internet por unos 192 000 euros.

Si bien es cierto que el *Malleus* ha resistido la prueba del tiempo (y aquí hablamos de ello), tuvo un comienzo un poco difícil. Los principales teólogos de la época, si bien no eran reacios a quemar vivo a cualquier hereje promedio, se opusieron a la caza de brujas. Heinrich intentó conseguir que algunos influyentes católicos, algunas personas de la Universidad de Colonia, promocionaran su pequeño libro, y le dijeron que lo que había escrito era poco ético, ilegal y también incompatible con las creencias católicas establecidas sobre la demonología.

Así pues, Heinrich hizo lo que yo, como autora, siempre he deseado poder hacer: se limitó a inventar algunos elogios para su obra y a falsificar una o dos firmas de famosos. Pero Heinrich encontró mucho apoyo entre sus compañeros dominicos. Como principales impulsores de la Inquisición, además de luchar contra la herejía, habían tomado las armas contra la prostitución y la sodomía (¿no lo sabías? A mucha gente a la que no le gustan las brujas, incluso hoy en día, tampoco le gustan los homosexuales y las trabajadoras sexuales), y a los dominicos les encantaba el *Malleus Maleficarum*. Con su apoyo, el libro empezó a volar de las estanterías y Heinrich se convirtió en una celebridad. Si necesitaras un orador para tu serie de conferencias contra la brujería, o un testigo experto en el juicio por brujería de tu pueblo, él sería tu hombre. Tenía una gran demanda en toda Europa, e incluso recibió el patrocinio del Patriarca de Venecia. Y era prolífico, como si fuera la Joyce Carol Oates de la propaganda contra la brujería, siempre tenía un nuevo discurso, sermón o defensa que promover. Heinrich fue nombrado nuncio papal, una especie de diplomático del papa, y su territorio inquisitorial se amplió hasta incluir la República Checa. Todo un triunfo. Si bien siempre hubo algunos dentro de la Iglesia que pensaron que Heinrich era un necio, el mundo secular y sus sistemas de justicia confiarían en el *Malleus* durante todo el Renacimiento.

Entre 1484 y 1750, unas 200 000 personas fueron acusadas de brujería, torturadas o asesinadas en Europa occidental. La mayoría eran mujeres, aproximadamente tres cuartas partes de los acusados. El *Malleus*, por supuesto, explicaba esta tendencia de las mujeres a caer bajo el yugo de Satanás: su inherente fe débil y su carnalidad sexualizada las convertían en presas fáciles. «Son defectuosas en todos los poderes, tanto del alma como del cuerpo», escribió Heinrich, y reiteró su afirmación: «La mujer, por lo tanto, es mala como resultado de la naturaleza». En ocasiones, un hombre podía caer presa de la tentación de la brujería, pero por lo general lo hacía de una manera más machista, en busca de poder, no como resultado de una debilidad interior.

Existía una jerarquía de tipos de mujeres malvadas: las concubinas sexis eran las peores, seguidas de las parteras, con su antiguo conocimiento y acceso a los bebés, y por último, las mujeres que dominaban a sus maridos. Pero no importa si no te veías representada: el *Malleus* afirmaba que cualquier mujer probablemente «sucumbía a sus pasiones y se convertía en una bruja». En realidad, la única manera de asegurarse de que no te encontraras con tu cara plantada en las nalgas del diablo era vivir en un retiro religioso tras haber hecho un voto de castidad devota. Y así vemos la dicotomía virgen *versus* prostituta disfrazada de monja *versus* bruja. Aunque ésta era la única manera infalible de evitar que tu naturaleza débil y femenina se deslizara hacia la brujería, Heinrich también entendió que era poco probable que la mayoría de las personas prosperaran en un entorno tan extremo; sólo un cierto tipo de mujer sería capaz de soportarlo. El resto, afirmaba, «están condenadas a convertirse en brujas, que no pueden ser redimidas; y el único recurso disponible para las autoridades es descubrir y exterminar a todas las brujas». A medida que Heinrich profundizaba en su obsesión, se hizo cada vez más claro que «brujas» era simplemente un nombre en código para «mujeres».

Heinrich murió en 1505, abandonando la fiesta mientras todavía se divertía. Durante 200 años después de su muerte, el *Malleus* reinó, superando en ventas incluso a la Biblia. Su legado viajó a través del Atlántico con los colonizadores europeos que se dirigían a América del Norte y sentó las bases para el ahorcamiento de brujas en lo que hoy es Salem, Massachusetts. En 1684, Increase Mather, presidente de la Universidad de Harvard, hizo un reconocimiento al *Malleus* en su obra con el increíble título de *Un ensayo para el registro de providencias ilustres en el que se da cuenta de muchos eventos notables y muy memorables, que han sucedido en esta última era, especialmente en Nueva Inglaterra. Escrito por Increase Mather, maestro de una iglesia en Boston, Nueva Inglaterra.* El texto de Mather se lee como el guion de una película de Blumhouse, con martillos voladores, Satanás tomando la forma de ciervos y cuervos, olores sulfurosos, sartenes colgando dentro de chimeneas y los habitantes de muchas casas por lo general molestados por demonios.

Gracias por acompañarme a lo largo de esta historia inquietante pero informativa sobre el odio a las brujas y la misoginia en general. Si eres una persona a la que le gustan las brujas, pero tienes un poco de reparo a explorar más, ésta podría ser la razón. Si eres una bruja, pero te escondes en el armario de las escobas, puedes rastrear tus miedos y el miedo de quienes te rodean hasta este hombrecillo de hace cientos de años, que nunca pudo superar a una tal Helena Scheuberin. Al ver cómo las brujas prosperan hoy en día en medio de lo que parece un renacimiento, casi me siento mal por ese pobre idiota, y pensé durante un breve instante en encender una vela por él en mi altar para que encuentre su camino para siempre desde el espacio-tiempo humano. Luego pensé: «¡A la mierda contigo, monje malvado! ¡Que el mal que cae se te lleve!». Y encendí una vela para Helena.

UNA FIESTA DE PROTECCIÓN EN HONOR A HELENA SCHEUBERIN

¿Qué es una fiesta sino un ritual grupal? Con este hechizo, se te pide que conviertas los subtítulos en la trama e invites a tus seres más queridos con la intención de participar en un ritual con forma de fiesta.

El propósito: generar alegría protectora para todos los participantes, así como para todos los pueblos del mundo vulnerables a la violencia que los ignorantes utilizan como chivos expiatorios.

Sé clara en tu invitación e invita sólo a personas que creas que acogerán con agrado ese evento; no quieres que las malas vibraciones escépticas agobien tu energía. Hazles saber a las personas que se espera que coman, beban, rían, bailen y se alegren con la intención de generar una alegría sagrada y protectora. Haz que los invitados consulten contigo antes de traer a un amigo; no soy muy controladora, pero querrás tener una idea de con quién estás haciendo magia.

El día de la fiesta, haz una limpieza espiritual de tu casa (o del lugar donde vayas a realizar la celebración). Habla en voz alta con los espíritus y hazles saber lo que está pasando; pídeles su bendición y apoyo. Crea un altar especialmente para este ritual. Los cristales protectores como la amatista, la selenita, el cuarzo y la obsidiana, todas piedras de color negro, son fantásticos para el poder y la protección. Para la alegría, me gustan las piedras rojas: cornalina, jaspe rojo, cuarzo fresa y carmesí, así como citrino, lapislázuli, cuarzo rosa y pirita. Las velas negras son excelentes para la protección, y me gustan las velas rosas, naranjas, rojas y amarillas para la alegría. Por supuesto, si tienes colores o piedras que asocies a la protección o a la alegría, ¡utilízalas! También puedes tener en tu altar imágenes de antepasados o deidades particulares que desees invocar; y puedes pedir a los invitados que traigan algo para contribuir al altar. Las hierbas que tradicionalmente se vinculan a la protección son: romero, salvia, albahaca, lavanda, equinácea y menta. Empléalas por su humo y/o aroma a través de las propias hierbas, velas o aceites. La lavanda, la albahaca y el romero también cumplen una doble función como promotores de la alegría, al igual que sus alegres compañeras como la manzanilla, la melisa, el jengibre, el cebollino y el diente de león. Trabaja con esas hierbas y sus propiedades mientras creas el menú de tu fiesta. ¿*Dips* de cebollinos? Un clásico. Si los dientes de león están floreciendo, haz buñuelos con las flores. Ponche de jengibre. Sorbete de melisa. Donuts de manzanilla. Tuesta algunas nueces con sal y romero (¡o con miel y lavanda!). Una ensalada *caprese* con albahaca fresca. Un plato dulce de hamburguesas de menta. Un poco de infusión de equinácea caliente para terminar la noche. Hay una cantidad infinita de hierbas y recetas con las que puedes jugar; lo más importante es no excederte. Haz que sea agradable y puedas concentrar la intención ritual en cada bocadillo o bebida que prepares. Cuando presentes tu comida y señales esa pequeña etiqueta para que las personas sepan que no contiene gluten o lácteos, menciona también su intención mágica para que tus invitados puedan centrar su atención en ella mientras disfrutan.

Bailar es una excelente manera de aumentar la energía. Haz una lista de reproducción con antelación y presta atención a las canciones que afirman el poder de la alegría, a las que afirman el poder de la autoestima y la autoprotección, así como el valor y la protección de la comunidad.

Tómate un momento para centrarte y rezar o lanzar un hechizo unos veinte minutos antes de que lleguen tus invitados. Dependiendo de lo atrevida o tímida que te sientas, es posible que quieras guiar a tus amigos en una simple intención, meditación, lanzamiento de un círculo, hechizo o bendición en algún momento de la noche; por el contrario, es posible que simplemente quieras dejar que el ritual de la fiesta tome su propia forma y dirección, sabiendo que una vez que los invitados hayan llegado, los ritmos estén sonando y la comida fluyendo, el ritual estará en pleno apogeo y, en cierta medida, tu trabajo estará listo (hasta que comience la limpieza).

EL HUEVO DE LUZ DE LAURIE

Una vez, durante una gira de presentaciones con la autora Laurie Weeks, me acostumbré a oírla gritar: «¡Huevo de luz! ¡Huevo de luz!» cada vez que percibía que ella misma, o nuestra gira en su conjunto, se encontraba en una situación precaria. Era el año 1999 e íbamos en dos furgonetas repletas de artistas *queer*, trans y feministas inadaptadas que viajábamos por Estados Unidos; acciones tan simples como entrar en un baño o llenar el depósito de gasolina con frecuencia tenían cierto aire de peligro. «¡Huevo de luz!», gritaba Laurie con su adorable voz ronca, y nos imaginábamos a todas –nuestras furgonetas, a nosotras mismas, a unas y a otras– atrincheradas en un cálido y protector huevo de luz.

Ésta es una de esas grandes prácticas o hechizos que puedes hacer cada vez que te encuentras en una situación amenazante, ya sea social, física o imaginaria, a quién le importa. A veces sientes que necesitas ese Huevo de luz, y es eterno y no juzga, ¡siempre está ahí para ti! Sin embargo, antes de comenzar a utilizarlo en un momento determinado, creo que es adecuado hacer en casa una meditación más importante del Huevo de luz, para familiarizarte realmente con cómo sientes, ves y qué te parece el huevo. Incluso podrías querer hacer de esto una especie de práctica, hechizo o meditación regular para acostumbrarte al brillo protector del huevo. Eso podría ayudarte a que lo necesitaras con menos frecuencia y a poder invocarlo de un modo más rápido y poderoso cuando lo necesites.

13

Tráeme amor y sexo. Y amor.

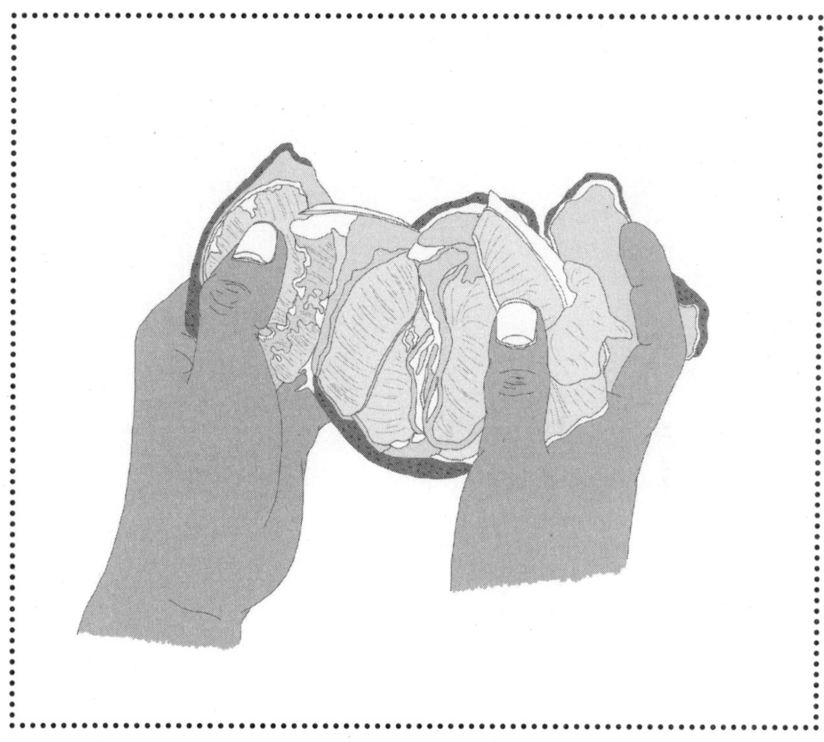

He reservado este capítulo sobre el amor para el final, porque es tanto el mejor como el peor. Sin duda, es la razón principal por la que las personas recurren a la magia, para atraer el amor a sus vidas o para ayudarlas a recuperarse de una ruptura (o a vengarse si las cosas salieron de una manera particularmente negativa). Corren tantas cosas sobre hechizos de amor que lo cierto es que aquí quiero decir algo diferente. No sólo por el desafío creativo, sino también porque creo que necesitamos nuevos enfoques para el amor, y la magia, al ser una especie de tradición rebelde y desafiante que abraza la experimentación, parece muy adecuada para ayudarnos con una revisión relacional.

¿Por qué creo que precisamos nuevos enfoques para el romance? Bueno, si pulsas el botón de reproducción aleatoria en tu biblioteca de música, es probable que encuentres una canción que se lamente de la agonía única y particular del amor. Visiona una película, lee un libro, disfruta de una serie de televisión y ahí está. ¿El amor romántico es inherentemente doloroso y propenso al desastre? ¿O somos nosotros, nuestra psique turbia, las expectativas que nos generamos, lo que nos hace sollozar en la ducha?

Vivimos en una cultura que prioriza las díadas románticas. Es literalmente todo lo que vemos. Lo más probable es que nos hayamos criado en una díada, por personas criadas en una díada, todos alimentándose de los medios de comunicación y de diversas ofertas culturales que insisten en la primacía de la díada. El doble golpe de la díada es: (1) Es el único tipo de relación; y (2) Debes estar en una relación que nos lleve a todos a buscar a esa persona perfecta, de cuento de hadas. El alma gemela. Esto implica mucha presión, con independencia de con quién te estés acostando.

¿Qué pasaría si nuestras culturas y familias no nos animaran a formar una pareja? ¿Qué sucedería si se supiera que vivir soltera es algo tan enriquecedor y significativo como estar en pareja? ¿Qué pasaría si tener múltiples relaciones, serias o casuales, o una mezcla de ambas, fuera la norma? Me imagino que aquellas que se adaptaran a nuestra cultura actual (una persona que busca a otra persona para que sea su todo) parecerían un poco salvajes: poco imaginativas, claustrofóbicas, obsesivas. ¡Y seguramente muchas relaciones diádicas se desarrollan de esa manera! Las parejas tienen que esforzarse por mantener viva la emoción en una díada (la muerte del lecho lésbico no es sólo para lesbianas). Tienen que recordar disponer de un espacio para sí mismas, no volverse codependientes.

No soy una persona que critique la monogamia como algo menos evolucionado ni nada por el estilo. Lo que anuncio en estas líneas es en realidad un experimento mental. No sabemos cómo sería esa sociedad de ensueño, qué desamores, hábitos, expectativas y problemas mentales únicos afectarían a los amantes. Es realmente posible que el corazón humano sea tan sólo una caja palpitante de problemas y que el romance, en cualquier configuración, traiga consigo su propia serie de conflictos. Por supuesto, hay una manera espiritual de verlo: el amor es uno de los maestros más poderosos de las lecciones de vida. Y si creemos que estamos «aquí», con independencia de dónde sea, al menos en parte para ayudar a que nuestros espíritus evolucionen, seguramente amar a otros humanos, la alegría y el dolor que ello implica, es un instructor formidable.

Recuerdo que cuando era muy joven me obsesioné con el glamur del amor que se veía en la televisión. *Happy Days*, *Laverne & Shirley*, *The Facts of Life*, *The Brady Bunch*… las series de mi infancia tenían otras historias además del amor, pero ¿a quién le importaba? El romance era lo principal y crucial. Me preguntaba cómo sería enamorarme intensamente, como se enamoraban las mujeres de los dibujos animados de las historias de Disney. Quería desmayarme y ser transportada. Deseaba que me cambiara de mi realidad a esa cosa que me resultaba algo por completo nuevo y más brillante.

A medida que mi vida familiar se volvía cada vez más estresante, la promesa del romance se convirtió en una vía de escape fácil a la que podía acceder. Estaba en todas partes y era aceptable que una niña estuviera loca por los niños. No importaba si mis padres se pelearan a diario, si mi padrastro era alcohólico, si mi padre biológico se había ido o si los niños de mi escuela católica pensaban que yo era rara: esa vida de niña no tenía sentido, era un corral de contención. Con el tiempo, crecería y me enamoraría, y entonces comenzaría mi vida real. La emoción del amor sería todo lo que importaría, compensaría todas las tonterías. Le confiaría a mi alma gemela todo lo que había soportado, y él (por supuesto, un él, claro) me acariciaría la cabeza y diría estupideces como: «Vamos, vamos, cariño, esos días se acabaron. De ahora en adelante, sólo te brindaré amor y apoyo». Si te parece que lo que estaba imaginando era un padre, no estás del todo equivocado. Pero mientras yacía en mi cama de adolescente, drogada con la variedad de galanes con los que había empapelado mis paredes (un George Michael haciendo pucheros transformándose en un Billy Idol sin camisa, y convirtiéndose en cualquier cantidad de roqueros góticos en el espectro malhumorado-amenazante), conceptos como problemas con el padre, estilos de apego, lenguaje del amor y adicción al amor todavía estaban a décadas de distancia.

Dejé de beber en medio de una relación a largo plazo que era emocionante y encantadora en algunos sentidos, y en otros, simplemente miserable. Nunca había pensado que mi pareja se pareciera en nada a mi padre malhumorado, evasivo y alcohólico: era un joven trans, así que ¿cómo podía parecerse ni tan siquiera un poco a ese chico cisgénero polaco depresivo? Y, sin embargo, descubrí que amaba a un hombre malhumorado con problemas de control y un historial de abuso de sustancias. Dejar de beber fue como encender las luces en el sótano de los asentimientos de un acaparador, ver todos los desastres que aún no había dejado ir o que no había mirado de frente. Allí, como una muñeca rota y espeluznante, estaba mi pequeña yo, todavía esperando a que llegara mi príncipe. La tumultuosa relación en la que me encontraba no sobreviviría a mi sobriedad y, en el proceso, aprendí muchas verdades duras sobre el amor. Las generaciones más jóvenes aún no habían recuperado la expresión «niño interior» y, en aquel momento, me parecía un concepto demasiado vergonzoso, pero en realidad era un ajuste de cuentas con esa pequeña y herida parte de mí. Juntos lamentamos las formas en que no nos habían amado como nos merecíamos, entendiendo que el amor que anhelábamos de nuestras parejas debía proceder de nuestros padres. Nunca lo recibiríamos de un amante; simplemente no era apropiado. Lo mejor que podía hacer era amar a esa pequeña parte necesitada de mí y esperar a que las cosas estuvieran en su lugar en lo que respecta al romance y las relaciones.

Creo que lo he probado casi todo. He sido no monógama y simplemente he tenido citas; he estado casada y en una relación abierta; he sido promiscua y exigente. He intentado ser poliamorosa en solitario, pero los viejos sistemas son difíciles de reconfigurar, y capitulo ante el romanticismo de estar casada. Actualmente soy tan tradicional como se puede ser: casada homosexualmente, madre, bastante monógama pero tal vez con un poco de margen de maniobra si estoy de viaje o me encuentro con Matt Dillon. Mi atracción por personas con el mismo perfil esencial que mi padre biológico (depresivo, un poco severo) no ha disminuido, aunque insistir en otras cualidades (medicación, terapia, autoconciencia) marca la diferencia.

Cuando lanzamos un hechizo de amor, en cierto sentido, se abre lo mejor de nosotras: la parte más dulce, más esperanzada, más optimista y amorosa de nuestra psique. Es muy vulnerable. Ponemos nuestra energía ahí afuera y el amor llega a nosotras. La gente se siente atraída, gente desordenada con cicatrices y mochilas de drama. No hay manera de que no se vuelva un desastre. No puedes darle espacio al amor sin arriesgarte a sufrir. Entonces, antes de sentarte en tu altar con tu lista de demandas de amor, es mejor que reflexiones acerca de dónde vienes y qué traes contigo. ¿Has considerado…?

¿Cuál es tu familia de origen? ¿Qué aprendiste sobre el amor al observar a las personas que te criaron? ¿Qué reglas tácitas inferiste? ¿Qué internalizaste? ¿Qué te enseñaron que sería el amor (y un amante, una relación) para ti? ¿Qué tipo de amante o relación se esperaba que quisieras? ¿Qué tipo de persona se te imprimió como objeto de amor?

¿Estilo de apego? Esta teoría psicológica de cómo y por qué nos vinculamos con nuestros seres queridos de la manera en que lo hacemos proviene de principios de la década de 1990, pero probablemente la conozcas gracias a Internet. La idea central es que, en función de las conclusiones a las que llegaste cuando eras un bebé, según la forma en que te cuidaron, tiendes a relacionarte con tu objeto de amor de una manera que es ansiosa, evitativa, desorganizada o segura. Ansiosa: tendencias codependientes, los límites dan miedo, se teme cargar las relaciones con las propias necesidades. Evitativa: se cierra y se aleja, es maníacamente independiente, no puede manejar la humanidad de su pareja. Desorganizada: súper desconectada, incapaz de empatizar, muy buena en el sabotaje. Segura: obviamente, es donde todos queremos estar; estos unicornios son capaces de validar sus necesidades y esperar que se satisfagan, sin esconderse ni complacer a la gente, tan sólo existiendo en sus verdades, irradiando amabilidad. Suena bien. Felicidades al uno por ciento de la humanidad que no se identifica con el famoso poema de Philip Larkin «Este es el verso»: *Tu mamá y tu papá te joden. / Puede que no quieran, pero lo hacen.* En cuanto al resto de nosotros, pasaremos nuestros veinte años entrando y saliendo de relaciones terriblemente malas, escalaremos cansados hasta nuestros treinta decididos a descubrir qué diablos nos pasa, luego pasaremos el resto de nuestras vidas poniendo en práctica lo que descubrimos. Y funciona, todo el esfuerzo que he puesto para desafiar a mis peores presunciones sobre el romance, para estar mentalmente saludable y químicamente equilibrado, para valorarme y confiar en mí misma, todo resulta en mejores relaciones. Y no es sólo porque los iguales se atraen, y ahora estoy deslizando el dedo en una aplicación de citas más santa y de luz blanca. Es más bien que, cuando siento que algo va mal, es más probable que me vaya. Y eso es todo.

Ahora bien, si has logrado leer este ensayo bastante pesado sobre el amor y aún quieres lanzar algunos hechizos, tengo uno para cualquier tipo de amor o lujuria que busques.

HECHIZO SEXUAL DE ZIZILIA

Zizilia es una supuesta diosa del antiguo panteón polaco, lo cual me encanta. ¡Ser una supuesta diosa! Me hace pensar en Plutón, expulsado del sistema solar pero que permanece para siempre en nuestros corazones y en nuestra psique como gobernante astrológico del inframundo. Zizilia, como diosa que gobierna la sexualidad, tiene algunas cosas en común con Plutón, que representa nuestro yo oscuro y nuestros deseos más oscuros: el miedo y la profundidad. Si bien Zizilia también gobierna los reinos adyacentes al sexo, como el amor, la maternidad, el parto y el matrimonio, es su aspecto de prostituta sagrada el que me gustaría abordar aquí para ayudarte a conseguir el tipo de sexo que quieres tener.

Para conseguir el tipo de sexo que quieres tener, lo primero que debes hacer es saber qué tipo de sexo deseas. ¿Cómo quieres que se vea, cómo quieres que se sienta? ¿Cuál es la onda? ¿Con qué tipo de persona te gustaría tenerlo, de qué género, de qué estética? ¿Qué quieres que suceda? ¿Hay juguetes, accesorios? ¿Disfraces, roles, ciertas palabras? Anótalo todo en un diario o cuaderno. Atrévete a ser completamente sincera contigo misma. Ninguna pareja sexual te leerá la mente. Sé lo más clara posible, para que cuando Zizilia organice una cita para que conozcas a tu amante soñada, tengas la capacidad de pedir claramente lo que quieres. Toma las páginas terminadas y entiérralas. (Asegúrate de que no exista información que te identifique, que sea por completo anónima. El Universo te conoce, ¡no es necesario que digas tu nombre!). Un lunes sería astrológicamente bueno, ya que los lunes son sagrados para la luna, donde reside gran parte de nuestro deseo; o el viernes, dedicado a Venus, que determina nuestra estética sexual.

Mientras esperas a que aparezca tu amor, sigue con el hechizo con melisa, una hierba sexy que aumenta tu capacidad de deseo física y mágicamente. Toma infusión de melisa, ponte hojas de melisa fresca en la ropa interior (proviene de una antigua costumbre mágica popular de las doncellas, que colocaban hojas de melisa en la «boca de una colmena», guiño), lleva melisa seca o fresca en una bolsa roja en algún lugar de tu cuerpo, coloca melisa debajo de tu almohada por la noche. Después de que tu hechizo haya dado sus frutos y hayas tenido sexo de otro nivel, podría ser de buena educación encender una vela para Zizilia como agradecimiento.

TRÁEME AMOR, BAÑO DE SANGRE (NARANJA)

Hace poco supe, por un amigo astrólogo védico, que mi aversión a los detalles, bastante profunda, está entretejida en mi constitución astrológica. Los detalles, dijo mi amigo, bloquean la inspiración e impiden que el universo me porte regalos. ¡Siempre he sentido eso! De hecho, una vez, cuando tenía veintipocos años, mientras estaba en San Francisco, añoraba el amor y estaba pensando en un hechizo de amor particular en el que escribes exactamente todas las cualidades que buscas en un amante y enciendes una vela dedicada a ello. Éste es, en realidad, un hechizo bastante poderoso y funciona. Bien, a algunas personas. Reflexioné sobre ello de inmediato. ¡Hacerme pasar por Frankenstein y convertirme rápidamente en mi propia amante perfecta me pareció espeluznante y limitante! ¿Por qué confiar en mi débil imaginación, en mi limitada experiencia de vida? Lo que en realidad deseaba era ser deslumbrada por el amor, experimentar la sorpresa de otro ser humano. No se trataba, me di cuenta, de que el universo se adaptara a mis preferencias. Más bien que yo estuviera abierta a las distintas formas que el amor puede adoptar, y a no permitir que lo que creo que son mis preferencias (y que tal vez sean sólo un lavado de cerebro, un hábito o un control) dicten la forma en que el amor entra en mi vida.

Decidí que lo que haría sería simplemente invocar el amor en mis días. Amar la energía, el concepto, la vibración, la deidad, la experiencia... ¿Qué es, siquiera? No pretendía saberlo. Justo en ese momento, todavía recién convertida en *queer*, después de haber seguido a un sociópata discreto a través del país sólo para ser abandonada por el tipo más aburrido del mundo, y luego haber aterrizado en un vecindario de lesbianas salvajes con caras perforadas y cabezas rapadas a las que les gustaba bailar en la pista de baile y darse nalgadas en el bar... Bueno, mi cabeza daba vueltas. Claramente, no sabía nada sobre el amor, la lujuria, las posibilidades de las relaciones. ¿Por qué darle al universo mi lista de Navidad insignificante y de bajo coste? No. «Sólo tráeme amor. Y sexo. Y amor. Ayúdame a conocerlo». Eso fue lo que dije, y lo dije en voz alta, aunque mis compañeras de habitación, totalmente cuadriculadas, estaban en casa y probablemente pensaron que estaba más loca de lo que habían supuesto.

Entonces, la bañera será tu altar. Espero que tengas una bañera. Si no, usa la ducha. Pon algunas naranjas sanguinas en la bañera. Elegí naranjas sanguinas porque me parecieron especialmente apasionadas, profundas y misteriosas, como el sexo y el amor. Y las naranjas, «manzanas doradas», son sagradas para Afrodita, la diosa griega del amor, así como para Oshun, la diosa yoruba del amor. A Oshun también le encanta la canela, así que lleva contigo algunas ramas de canela. Las rosas son un símbolo del amor, de manera que los pétalos de rosa rojos son bienvenidos, al igual que las velas rojas y naranjas.

Una vez en la bañera, abre las naranjas con los dedos. Puede ser un desastre, ¡pero debería serlo! Deja que el jugo y la pulpa caigan sobre ti y dentro del agua. (Si te estás duchando, colócate debajo el chorro de agua y frótate la fruta y la canela sobre tu cuerpo). Haz que el agua de la bañera te envuelva y luego recuéstate y medita. «Tráeme amor... Sólo tráeme amor. Y sexo. Y amor. Ayúdame a conocerlo». Deja que estas sencillas afirmaciones den vueltas en tu cabeza; pronúncialas en voz alta, en susurros o gritos. Permanece inmóvil dentro de tu bañera, siente tus propias vibraciones y las de todo lo que te rodea. Posiblemente todo sea amor. Mastúrbate si te apetece. Ya eres amor y sexo, pero esa alquimia se produce cuando dos (o más) cuerpos hechos de sexo y amor se juntan para ver de qué se trata. Ya sabes al menos la mitad.

Cuando hayas terminado de bañarte (o ducharte), sal de la bañera, pero no te seques con la toalla. Sécate al aire. Con suerte, percibirás un aroma cítrico o picante en tu piel. Me gusta hacer este hechizo antes de acostarme y dormir desnuda si es posible. Asegúrate de registrar tus sueños por la mañana. No dudes en reservar una cáscara de naranja o una rama de canela del ritual y mantenerla en tu altar o guardártela en el bolsillo.

MÁS ALLÁ DEL HECHIZO DEL TERCER OJO FÍSICO

Éste es un hechizo para cualquiera que se sienta atrapada por las limitaciones de su tipo. Tal vez hayas reconocido que tu tipo en realidad son personas que no son muy agradables o buenas contigo. Quizá te hayas dado cuenta de que tienes prejuicios contra ciertas personas en cuanto a la apariencia y no quieres que tu vida amorosa esté regida por consideraciones superficiales. Sabemos que los humanos somos más de lo que vemos y parte del amor consiste en llegar a lo profundo con otra persona. Qué triste es que nos limitemos a lo que nuestra cultura nos ha convencido de que es «sexy».

Tal vez ya estés con alguien y descubras que hay algo en esa persona que te molesta, algo insignificante, algo que no debería interferir con algo tan noble y bueno como el amor. Pero somos monos glorificados. A veces (con frecuencia) somos mezquinos y estrechos de miras. Dos cosas que no combinan bien con el amor.

Si te pica, no temas. Tu tercer ojo te tiene atrapada. Este centro de energía en espiral, ubicado entre las cejas, fue descubierto por primera vez por místicos indios hace muchísimo tiempo, pero ¿quizá tú lo hayas sentido tan pronto como hoy? A menudo siento un ligero cosquilleo o vibración en ese punto, y he descubierto que si te sientas a meditar, concentrándote en él, con frecuencia se hace notar.

El tercer ojo es quizá la sede de nuestro yo más elevado. Contiene nuestro potencial espiritual, místico e intuitivo. Es la sede de todos los poderes psíquicos que podamos desarrollar. Es nuestra conexión con la conciencia superior y es adonde podemos recurrir cuando queremos mejorar aquello que nos atrae. Es el punto de nuestro cuerpo energético que va más allá de lo físico, del mundo material con todas sus ilusiones y engaños. El tercer ojo puede ayudarnos a identificar qué persona tiene la energía adecuada para asociarnos con ella.

La atracción sexual es real y poderosa. También es mucho más maleable, mutable, de lo que creemos. Y está sujeta a un gran lavado de cerebro por parte de la cultura dominante, que nos hace creer que sólo las personas delgadas, blancas, cisgénero o «exóticas» (léase: personas de color fetichizadas para el consumo blanco) son adorables. El mundo real, y nuestras vidas reales, nos muestran esa mentira todos los días, pero aún nos bombardean. Y es bueno apoyarse en el tercer ojo para obtener apoyo y apoyar sus poderes a su vez.

Los colores de las velas para esta meditación son tonos violeta, pero también estaría bien añadir una vela roja para invocar el amor romántico y la expansión que buscas en esa esfera. La amatista es tu amiga; coloca una en tu altar o sostenla en la mano. También puedes recostarte para esta meditación y colocar la piedra en tu tercer ojo. ¡Hazlo! Mira qué genial eres.

Después de encender las velas, el incienso o lo que hayas escogido, toma un poco de aceite y traza una estrella en tu tercer ojo. Si dispones de un aceite en particular que te haga sentir bien para este ritual, utilízalo. El aceite de lavanda es bueno, al igual que cualquier aceite de base, como el de almendras o el de oliva. No lo apliques en exceso, usa una cantidad ligera. Ahora, comienza a meditar.

Concéntrate en tu tercer ojo. Imagínate un molinillo violeta girando en tu frente. Tal vez una rueda de bicicleta violeta, o uno de esos petardos que giran y lanzan chispas violetas. El movimiento debe ser en el sentido de las agujas del reloj. No le estás pidiendo nada a tu tercer ojo, tu tercer ojo eres tú, y esa conexión con lo divino también eres tú. Lo que estás haciendo es buscar lo que ya tienes. Ya eres un ser infinito y compasivo como diosa. Ya sabes cómo ver más allá de lo físico, huir de la rutina y colocarte en un lugar completamente nuevo. Sabes cómo ver la belleza en todas partes, no sólo donde es obvia o se te indica. Sabes cómo vivir más allá de tu ego, y quieres conectarte con otras personas que trabajan para ir más allá de ese maestro del trance adormecedor.

Repite esta meditación todos los días, con la frecuencia que necesites, hasta que sientas un impulso en tu conciencia, hasta que empiecen a sentir las cosas de manera diferente. Y, quién sabe, puede que desees que forme parte permanente de tu práctica, incluso después de que hayas dominado la conexión a nivel del alma con las personas que te rodean. Siempre hay espacio para ascender.

Apéndice

LISTA DE LIBROS DE MAGIA MODERNA / MIS ESTANTERÍAS

Como soy una bruja solitaria, obtengo la mayor parte de mi información e inspiración de los libros. He devorado libros espirituales desde que era adolescente, y, a continuación, indico algunos que se destacan. También incluyo algunas barajas y libros de tarot, porque una baraja del tarot sabia es un maestro poderoso.

TAROT

Tarot She Wolfe, Devany Amber Wolfe.
Baraja de tarot Thoth, Aleister Crowley y Lady Frieda Harris.
The Secret Dakini Oracle, Nik Douglas y Penny Slinger.

LIBROS

ABRAMS, ABIOLA: *African Goddess Initiation: Sacred Rituals for Self-Love, Prosperity, and Joy*, Hay House, 2021.

AL-ANON: *Courage to Change: One Day at a Time in Al-Anon*, Al-Anon Family Group Headquarters, 1992.

CHANI, NICHOLAS: *Has nacido para esto: Astrología para la autoaceptación radical*, Harper Collins, 2021.

Chödrön, Pema: When Things Fall Apart: Heart Advice for Difficult Times and The Places That Scare You: A Guide to Fearlessness in Difficult Times, Shambhala, 2002.

Goldschneider, Gary y Elffers, Joost: *The Secret Language of Birthdays: Your Complete Personology Guide for Each Day of the Year,* Avery, 2013.

–: *The Secret Language of Relationships: Your Complete Personology Guide to Any Relationship with Anyone*, Avery, 2013.

Gore, Ariel: *Hexing the Patriarchy: 26 Potions, Spells and Magical Elixirs to Embolden the Resistance and We Were Witches*, Seal Press, 2019.

Graham, Sasha: *365 Tarot Spreads: Revealing the Magic in Each Day*, Llewellyn Publications, 2016.

Hundley, Jessica, *et al.*: *Tarot. La Biblioteca de Esoterismo*, Taschen, 2022.

Illes, Judika: *Encyclopedia of 5,000 Spells*, Element, 2024.

Jodorowsky, Alejandro: *The Way of the Tarot: The Spiritual Teacher in the Cards*, Destiny Books, 2009.

Kansa, Spencer: *Wormwood Star: The Magickal Life of Marjorie Cameron*, Mandrake, 2020.

Kynes, Sandra: *Llewellyn's Book of Magical Correspondences: A Comprehensive and Cross-Referenced. Resource for Pagans and Wiccans*, Llewellyn Publications, 2013.

Lyddon Morrison, Sarah: *Recetario de la bruja moderna: Guía de los misterios de lo oculto que explica cómo hacer hechizos, preparar encantamientos, mejorar la vida diaria y dominar la magia amorosa*, Edaf, 2010.

Martine Woolfolk, Joanna: *El único libro de astrología que necesitará*, Taylor Trade Publishing, 2004.

Mercier, Patricia: *La biblia de los chakras: Guía definitiva para trabajar con los chakras,* Gaia Ediciones, 2011.

Michael Talbot: *El universo holográfico: una versión nueva y extraordinaria de la realidad*, Ediciones Palmyra, 2007.

Patterson, Jennifer: *The Power of Breathwork: Simple Practices to Promote Wellbeing*, Fair Winds Press, 2020.

Pollack, Rachel: *Seventy-Eight Degrees of Wisdom: A Tarot Journey to Self-Awareness and A Walk Through the Forest of Souls: A Tarot Journey to Spiritual Awakening*, Thorsons, 1988.

Róisín, Fariha: *Who Is Wellness For?*, Harper Collins, 2022.

Salzberg Sharon: *Loving kindness: The Revolutionary Art of Happiness,* Shambhala, 2018.

Schiff, Stacy: *The Witches: Salem, 1692*, Orion Group, 2016.

Simmons, Robert: *Libro de bolsillo de piedras: Quiénes son y qué nos enseñan para la salud, felicidad y prosperidad*, Inner Traditions, 2023.

Spalter, Mya: *Enchantments: A Modern Witch's Guide to Self-Possession*, Random House, 2022.

Spiller, Jan: *New Moon Astrology: The Secret of Astrological Timing to Make All Your Dreams Come True*, Bantam, 2007.

Suzuki, Shunryu: *Mente Zen, Mente De Principiante: Charlas informales sobre meditación y la práctica del Zen,* Gaya Ediciones, 2015.

Tanaïs: *In Sensorium: Notes for My People*, Harper Audio, 2022.

Tiesh, Luisah: *Jambalaya: The Natural Woman's Book of Personal Charms and Practical Rituals*, Harper Uno, 2021.

Trungpa, Chögyam: *Atravesar el materialismo spiritual*, Ediciones Virupa, 2024.

Yates Garcia, Amanda: *Memoir of a Witch*, Sphere, 2019.

Ziegler, Gerd: *Tarot: Mirror of the Soul: A Handbook for the Thoth Tarot* (para su uso con el tarot de Thoth), Weiser Books, 2023.

Agradecimientos

Me gustaría dar las gracias a Anna Paustenbach y Chantal Tom por ser el equipo editorial más excelente y por la dulce energía que aportaron a este libro. Gracias a Rakesh Satyal por participar, a Ryan Amato y al equipo de HarperOne. ¡Ha sido un placer trabajar con vosotros! A Alison Lewis, por cuyo apoyo, humor e inteligencia estoy agradecida. A Vera Blossom, cuya presencia en mi vida es un regalo radical. A todos los que hicieron posible el pódcast *Your Magic*: Benjamin Cooley, Molly Elizalde, Tony Gannon, Kirsten Osei-Bonsu, Raven Yamamoto, Kristine Mar y Veronica Agard. Gracias a los amigos que siempre están dispuestos a vivir una aventura mística: Peter, Deez, Tara, Nicole, Clement, Beth, Brooke, Kirk, Darren, Clint, Seamus y Ali. Gracias a los profesionales cuyo trabajo ha informado e influenciado el mío: Chani Nicholas, Marcella Kroll, Sarah Potter, Rhiannon Morsch, Larry Arrington, Lisa Stardust, Edgar Fabián Frias, Mya Spalter, Ariel Gore, Terra Horton, Janae Archuleta, Jessica Hundley, Eliza Swann y Anna Marie Wood. También me gustaría darle las gracias a mi hijo, Atticus, por concederme espacio para trabajar en este libro cuando lo necesité, y a mi madre, Terri, por ayudarme con eso. Parte de este trabajo se creó en la gloriosa Residencia New Roots; ¡gracias por apoyar a los escritores *queer*! Un agradecimiento final a mi amado íncubo, T. J. Payne.

Índice